DÉTAILS DE MODE À LA LOUPE
FOCUS ON FASHION DETAILS

TOME 1
VOLUME 1

- Généralités - Coutures   Generalities - Seams
- Pattes de boutonnage   Buttoning tabs
- Empiècements   Yokes
- Modes opératoires   Assembly procedures

Conception, réalisation et écriture / *Concept and composition* : Claire WARGNIER
Traduction anglaise / *English translation* : Patricia LOUÉ-MILANESE
Illustrations : Isabelle GONNET

ESMOD EDITIONS

PRÉFACE

Pour les « accros » de mode, les « addicts » qui en ont assez, sous prétexte qu'ils ne sont pas professionnels, de ne pouvoir confectionner leurs créations qu'à partir de quatre rectangles avec des poches plaquées !
Pour les étudiants en panne de virtuosité devant leur machine à coudre à 2 heures du matin, ou les stylistes et chefs de produits pour qui l'élaboration technique d'un vêtement reste un mystère !
Pour tous les créatifs de la mode en demande d'un langage universel afin de mieux communiquer avec leur partenaire durant la phase de fabrication.
Voilà le point de départ de la mise en œuvre de cet ouvrage qui a vu le jour, petit à petit, afin de répondre à la demande de nombreuses classes d'étudiants, de futurs créatifs de la mode devant comprendre les mécanismes du vêtement occidental, les apprendre et savoir les retraduire sous différentes formes.
Présenté sous forme de fiches détaillées à la loupe, cet ouvrage en quatre tomes s'inscrit dans une démarche pédagogique et professionnelle qui permet à la modéliste ainsi qu'à toutes les personnes entrant dans le processus de création et de fabrication d'un vêtement d'installer un rapport confiant et percutant dans leur communication, souvent éloignée.
Ces fiches vulgarisent et développent étape par étape les processus de fabrication des différentes pièces et détails possibles dans l'élaboration d'un vêtement de prêt-à-porter industriel avec un outil artisanal, comme c'est le cas pour des étudiants, des particuliers ou de nombreux professionnels travaillant en dehors des unités de fabrication industrielle.
Écrites et dessinées étape par étape pour les vestiaires Homme, Femme, Enfant et Bébé, elles répondent aux contraintes de l'industrie tant dans ses normes (tableaux de longueurs, largeurs, adaptation aux fournitures industrielles,…) que dans son langage (codes, sections, vocabulaires,…).
Le modéliste trouvera à la suite des fiches explicatives, les différentes pièces de patronage servant à élaborer chaque montage.
Les textes de ces ouvrages sont bilingues français - anglais et s'appuient sur le langage de sections et de visuels qui en permettent une compréhension et un emploi universel.

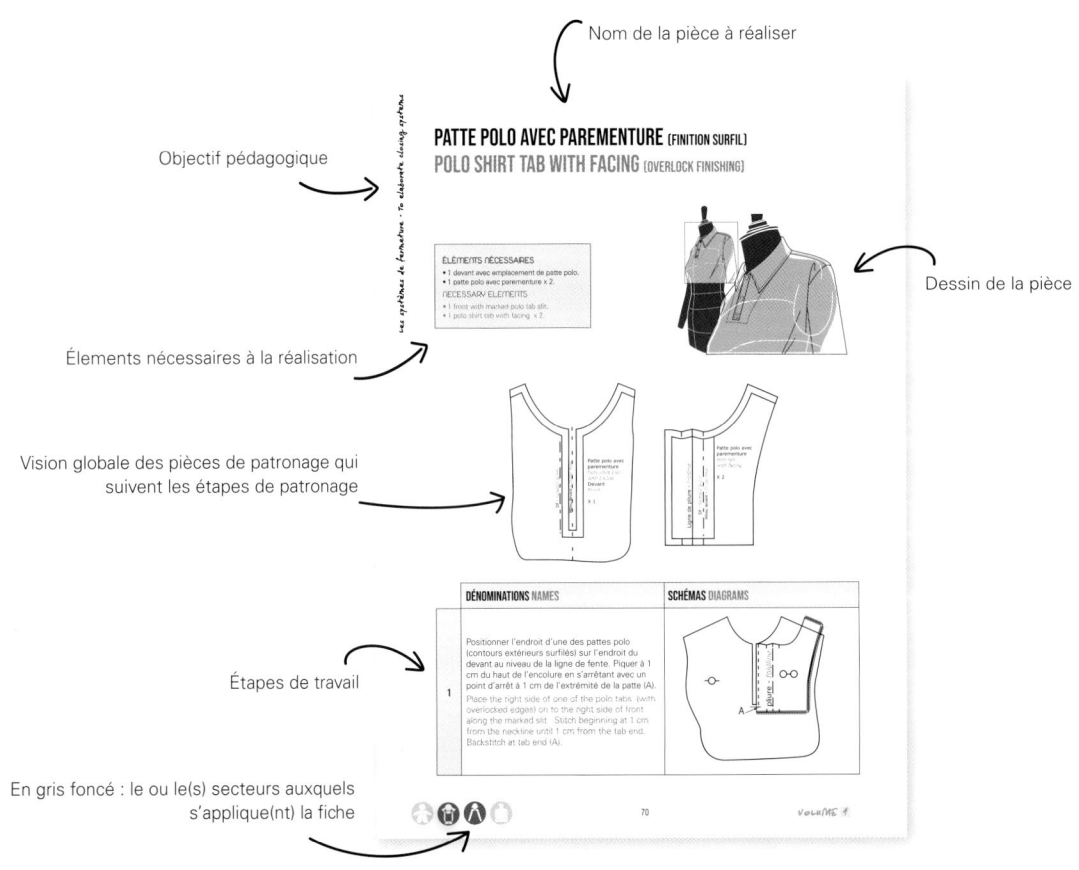

PREFACE

For "fashion addicts" who, under the pretext of not being professionals, are tired of having to start every creation from four rectangles with patch pockets.
For uninspired students sitting in front of their sewing machines at 2 a.m. or for designers and product managers for whom the technique of creating a garment remains shrouded in mystery.
For all designers who require a universal language to communicate with other designers during the fabrication process.
This manual answers the needs of the above-named audiences. "Focus on Fashion Details" provides valuable assistance in understanding the mechanisms of garment creation and the transformation of the shapes of these garments.
This four-volume manual which focuses on fashion details is designed for both educational and professional use. It enables pattern drafters as well as other professionals involved in the process of creation and manufacturing of garments to communicate and collaborate effectively even when working at different locations.

The procedures and diagrams break down all the basic steps for manufacturing a ready-to-wear garment using the basic equipment available to students, independent designers and other professionals who work outside of the industry.
Written and illustrated step by step including garments for men, women, children and babies, these procedures strictly adhere to industrial constraints, norms and terminology (measurement lengths, widths, adaptation to industrial equipment, etc.) using technical vocabulary, symbols and codes.
Following each explanation, the pattern drafter will find outlines for the pattern pieces necessary for the assembly.
The bilingual French - English text, as well as the symbols and diagrams, make these volumes universally accessible.

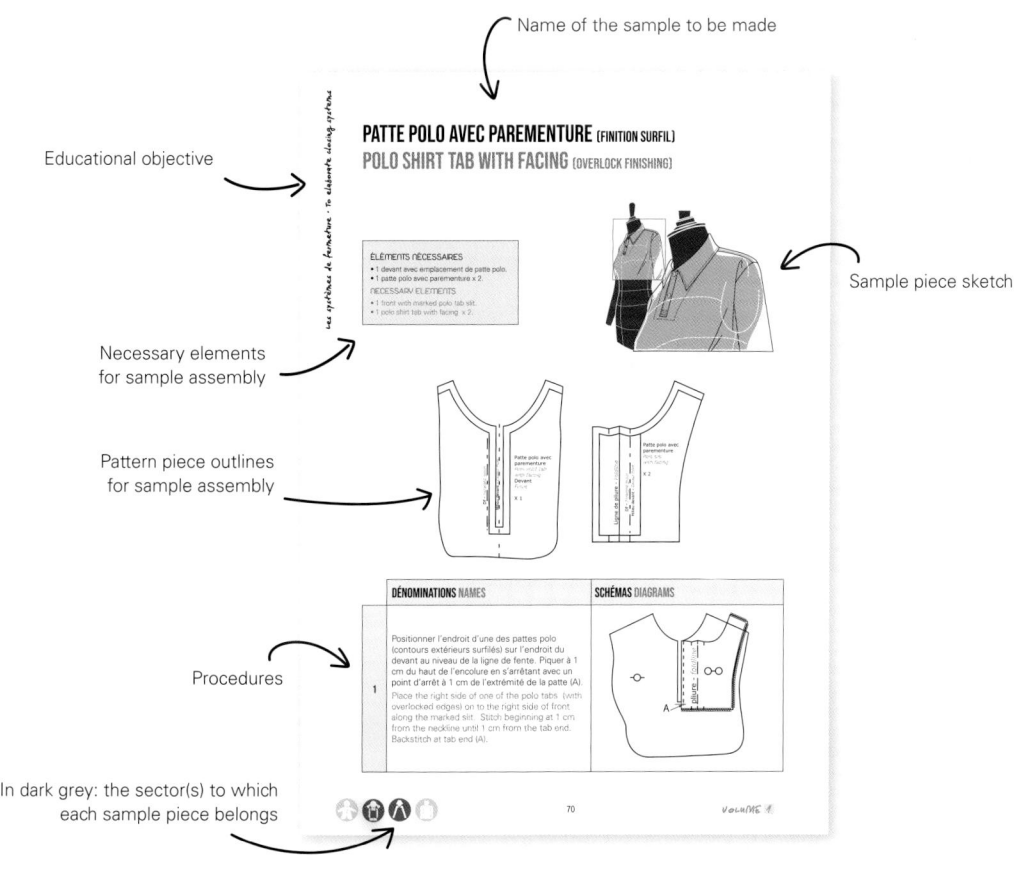

TOME 1

SOMMAIRE

Préface 2
Liste des fournitures 8

GÉNÉRALITÉS COUTURES

Sections de coutures 13
Exercice de couture sans fil n°1 17
Exercice de couture sans fil n°2 18
Couture simple ouverte 19
Finitions de couture simple ouverte 20
Couture simple ouverte et arrondie 21
Couture simple couchée et surfilée 22
Couture simple avec surpiqûre simple (0.7 cm) 23
Couture simple avec surpiqûre nervure (0.2 cm) 24
Couture simple avec surpiqûre double
(0.25 et 0.7 cm) 25
Couture anglaise 26
Couture rabattue 28
Couture rabattue dressée
ou fausse couture anglaise 30
Couture ourlée 32
Couture décalée au cornet 34
Coutures dans les tissus plastifiés et le cuir ... 36
Coupe et assemblage de biais à cheval 37
Pose de biais à cheval (2 études) 38
Différentes finitions de coutures
(vêtement non doublé) 40
Biais d'ourlet de vêtement ou faux ourlet 41
Renfort d'angle 42
Préparation de coutures retournées 43
Ourlet rempli double 44
Ourlet mouchoir 46
Ourlet rempli simple surfilé 48
Ourlet invisible 50
Fronçage 52
Pose d'une talonnette (pantalon homme) 54

PATTES DE BOUTONNAGE

Boutons et boutonnières 56
Patte polo avec parementure (finition surfil) ... 70
Patte polo (femme) 75
Patte polo (homme) 80
Patte de boutonnage d'entrejambe (layette) .. 85
Pont et boutonnage milieu dos de dors-bien .. 92
Insertion d'un gousset d'entrejambe de dors-bien ... 97
Dessous de pied de dors-bien 100
Fente indéchirable 102
Patte capucin (finition surfil / grande diffusion)
(manche de chemisier) 105
Patte capucin (moyenne et haut de gamme)
manche de chemisier 108
Patte chemisier avec faux ourlet 111
Patte de boutonnage en une pièce
(manche de chemise homme) 114
Patte de boutonnage en deux pièces
(manche de chemise homme) 118
Tableau des hauteurs d'ouverture milieu dos (enfant) ... 122

EMPIÈCEMENTS

Empiècement en application 124
Empiècement en incrustation 128
Empiècement en fourreau 131

MODES OPÉRATOIRES

Mode opératoire - jupe droite 138
Mode opératoire - jupe droite doublée 141
Mode opératoire - chemisier femme
(manche montée) 147
Mode opératoire - chemise ville homme
(manche liquette) 150
Mode opératoire - pantalon de ville femme ... 153
Mode opératoire
pantalon de ville homme 158
Mode opératoire - pantalon jeans 163
Mode opératoire - veste femme
(manche et col tailleur) 169
Mode opératoire - veston homme
(manche et col tailleur) 174
Contrôle qualité 179
Lexique 181

TOME 1

TABLE OF CONTENTS

Preface 3
Supplies and equipment 8

GENERALITIES SEAMS

Seam symbols 13
Sewing exercise without thread n°1 17
Sewing exercise without thread n°2 18
Plain open seam 19
Plain open seam finishings 20
Plain and curved open seams 21
Plain seam folded and overlocked 22
Plain seam with a single row of topstitching (0.7 cm) 23
Plain seam with ribbed topstitching (0.2 cm) 24
Plain seam with double topstitching (0.25 and 0.7 cm) .. 25
French seam 26
Felled seam 28
Upright felled seam or false felled seam 30
Hemmed seam 32
Shifted felled seam 34
Seams in plasticized fabrics or in leather 36
How to cut and assemble double-fold bias binding 37
Double-fold bias binding assembly (2 examples) 38
Various seam finishings (unlined garments) 40
Garment hem with bias binding or false hem 41
Reinforcement of an angle 42
Turned inside out seam preparation 43
Tucked hem 44
Double tucked hem 46
Overlocked tucked hem 48
Invisible hem 50
Gathering 52
Trouser hem heel stay (men's trousers) 54

BUTTONING PLACKETS AND TABS

Buttons and buttonholes 56
Polo shirt tab with facing (overlock finishing) 70
Polo shirt tab (women's garments) 75
Polo shirt tab (men's garments) 80
Inseam buttoning placket (babies) 85
Sleepsuit center back buttoning placket 92
Sleepsuit gusset insertion 97
Sleepsuit foot piece 100
Tearproof tab 102
Shirtsleeve capucin placket
(overlock finishing / mass distribution) 105
Shirtsleeve capucin placket
(middle and high range garments) 108
Shirtsleeve placket with false hem 111
One-piece buttoning placket (men's shirtsleeve) 114
Two-piece buttoning placket (men's shirtsleeve) 118

YOKES

Applied yoke 124
Inset yoke 128
Sheathed yoke 131

ASSEMBLY PROCEDURES

Assembly procedures - straight skirt 138
Assembly procedures - straight lined skirt 141
Assembly procedures - women's shirt (set-in sleeve) ...147
Assembly procedures - men's town shirt
(large shirt sleeve) 150
Assembly procedures - women's trousers 153
Assembly procedures men's trousers 158
Assembly procedures - jeans 163
Assembly procedures - women's jacket
(tailored sleeve and tailored collar) 169
Assembly procedures - men's jacket
(tailored sleeve and tailored jacket) 174
Quality control 179
Lexicon 186

LISTE DES FOURNITURES
SUPPLIES AND EQUIPMENT

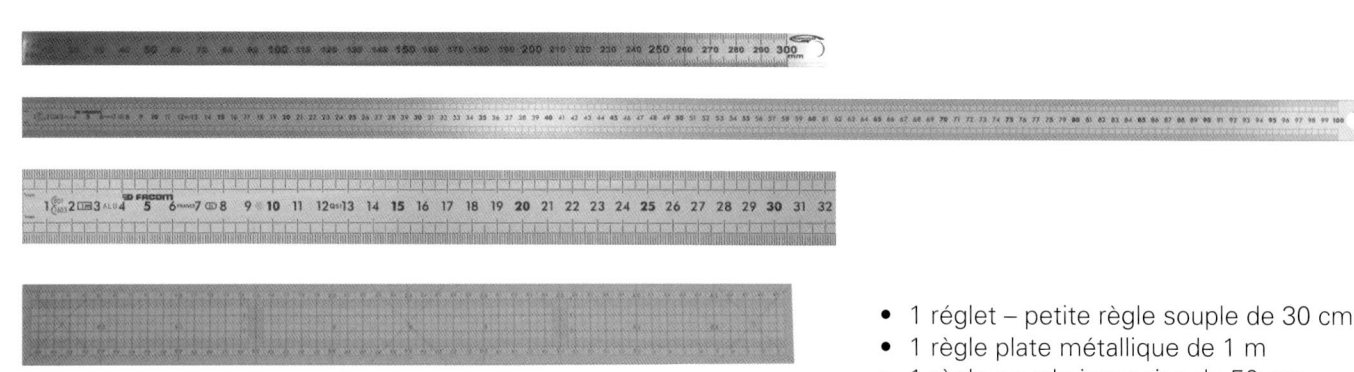

- 1 réglet – petite règle souple de 30 cm
- 1 règle plate métallique de 1 m
- 1 règle souple japonaise de 50 cm
- 1 équerre
- 1 flexible ruler 30 cm
- 1 flat metal ruler 1 m
- 1 Japanese flexible ruler 50 cm
- 1 L-square

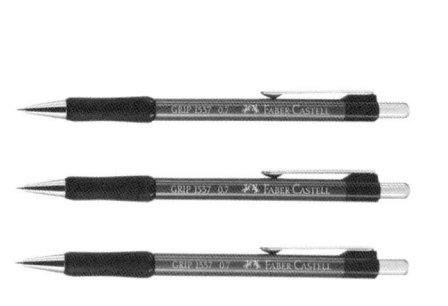

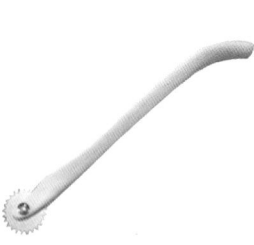

- Crayons noirs à papier secs
- Crayon pour tissu
- 1 taille crayon
- Black pencils
- Pencil for fabrics
- 1 pencil sharpener

- 1 poinçon
- 1 roulette à patron
- 1 awl
- 1 tracing wheel

- 1 mètre ruban 1,5 m
- 1 measuring tape 1.50 m

- 1 paire de ciseaux pour tissu
- 1 paire de ciseaux brodeur
- 1 coupe-fil
- 1 découseur
- 1 pair of fabric scissors
- 1 pair of embroidery scissors
- 1 thread-cutter
- 1 seam ripper

- 1 boite d'épingles fines
- 1 aimant
- 1 dé
- 1 traceur à poudre
- 1 box of fine pins
- 1 magnet
- 1 thimble
- 1 powder tracer

- 1 coussin de poitrine
- 1 coussin de petite taille
- 1 jeannette
- 1 patte-mouille
- 1 patte-sèche
- 1 brosse de presse
- 1 sifran
- 1 retourneur
- 1 passe-carreau ou bloc à marteler
- 1 tailor's ham
- 1 small ham
- 1 sleeve board
- 1 dampened presscloth
- 1 dry presscloth
- 1 clapper brush
- 1 point presser
- 1 pointer and creaser
- 1 wooden clapper

- 1 mannequin
- du papier blanc semi-transparent
- de la toile de coton
- des aiguilles à coudre
- du fil
- 1 machine à coudre
- 1 surjeteuse-raseuse
- 1 fer à repasser
- 1 planche à repasser
- 1 dummy
- pattern paper or white tracing paper
- cotton muslin
- sewing needles
- thread
- 1 sewing machine
- 1 overlock machine
- 1 steam iron
- 1 ironing board

TOME 1

GÉNÉRALITÉS
COUTURES

GENERALITIES
SEAMS

SECTIONS DE COUTURES
SEAM SYMBOLS

Cette liste récapitule un échantillonnage non exhaustif des possibilités de couture sur un vêtement.
De multiples possibilités s'offrent encore à la créativité du styliste et du modéliste pour la personnalisation d'un produit.

This list is a thorough guide of different seams that can be used on a garment. These numerous possibilities are available to assist the fashion designer or pattern drafter in their creativity and personalization of a product.

	DÉNOMINATIONS NAMES	SECTIONS SYMBOLS
1	Endroit Right side	
2	Envers Wrong side	
3	Une épaisseur de tissu One layer of fabric	
4	Deux épaisseurs de tissu endroit contre endroit Two layers of fabric, right sides together	
5	Une épaisseur de tissu surfilée One layer of fabric with overlocking	
6	Fermeture à glissière Slide fastener	
7	Assemblage par piqûre machine (position de l'aiguille) Machine stitched assembly (needle position)	
	Assemblage par piqûre machine (position de la piqûre exécutée) Machine stitched assembly (position of completed stitching)	

TOME 1

Le vocabulaire technique • To understand technical vocabulary

Le vocabulaire technique • To understand technical vocabulary

8	Couture simple ouverte surfilée Plain open overlocked seam		
9	Couture simple ouverte avec surpiqûres Plain open seam with topstitching		
	Finition de coutures simples ouvertes Finishing for plain open seam		
10	Finition de coutures pour vêtement non doublé avec biais Seam finishing for an unlined garment with bias tape		
	Finition de coutures pour vêtement non doublé avec ruban Seam finishing for an unlined garment with ribbon		
11	Couture simple couchée et surfilée Plain seam folded and overlocked		
12	Couture simple couchée avec surpiqûre simple Plain seam folded, with a single row of topstitching	7 mm	
13	Couture simple couchée avec surpiqûre nervure Plain seam folded with ribbed topstitching	2 mm	

VOLUME 1

#			
14	Couture simple couchée avec double surpiqûre *Plain seam folded with double topstitching*		
15	Couture anglaise *French seam*		
16	Couture rabattue *Felled seam*		
17	Couture rabattue dressée ou fausse couture anglaise *Upright felled seam or false French seam*		
18	Couture ourlée *Hemmed seam*		
19	Couture décalée au cornet *Shifted felled seam*		
20	Faux ourlet avec biais *False hem with bias tape*		

Le vocabulaire technique • To understand technical vocabulary

TOME 1

21	Ourlet double rempli Tucked hem		
22	Ourlet simple rempli surfilé Plain tucked overlocked hem		
23	Ourlet invisible Invisible hem		
24	Insertion d'un passepoil dans un couturage Piping inserted into a seam		
25	Assemblage rempli simple avec une partie à plat bord à bord surfilé Plain tucked seam assembly with an overlocked edge to edge flat part		

EXERCICE DE COUTURE SANS FIL N°1
SEWING EXERCISE WITHOUT THREAD N°1

1) Relever la feuille d'exercice.
2) Positionner la feuille sous le pied de biche de la machine à coudre sans fil et suivre les lignes le plus exactement possible.
3) Enlever la feuille de sous le pied de biche et recommencer jusqu'à ce que les piqûres se trouvent exactement sur les tracés.

1) Photocopy the exercise sheet.
2) Place the exercise sheet under the sewing machine foot and stitch (without thread) along the lines as closely as possible.
3) Remove the sheet from the sewing machine and repeat again until the stitches are exactly on the lines.

Départ - Start

Arrivée - End

TOME 1

EXERCICE DE COUTURE SANS FIL N°2
SEWING EXERCISE WITHOUT THREAD N°2

1) Relever la feuille d'exercice.
2) Positionner la feuille sous le pied de biche de la machine à coudre sans fil et suivre les lignes le plus exactement possible.
3) Enlever la feuille de sous le pied de biche et recommencer jusqu'à ce que les piqûres se trouvent exactement sur les tracés.

1) Photocopy the exercise sheet.
2) Place the exercise sheet under the sewing machine foot and stitch (without thread) along the lines as closely as possible.
3) Remove the sheet from the sewing machine and repeat again until the stitches are exactly on the lines.

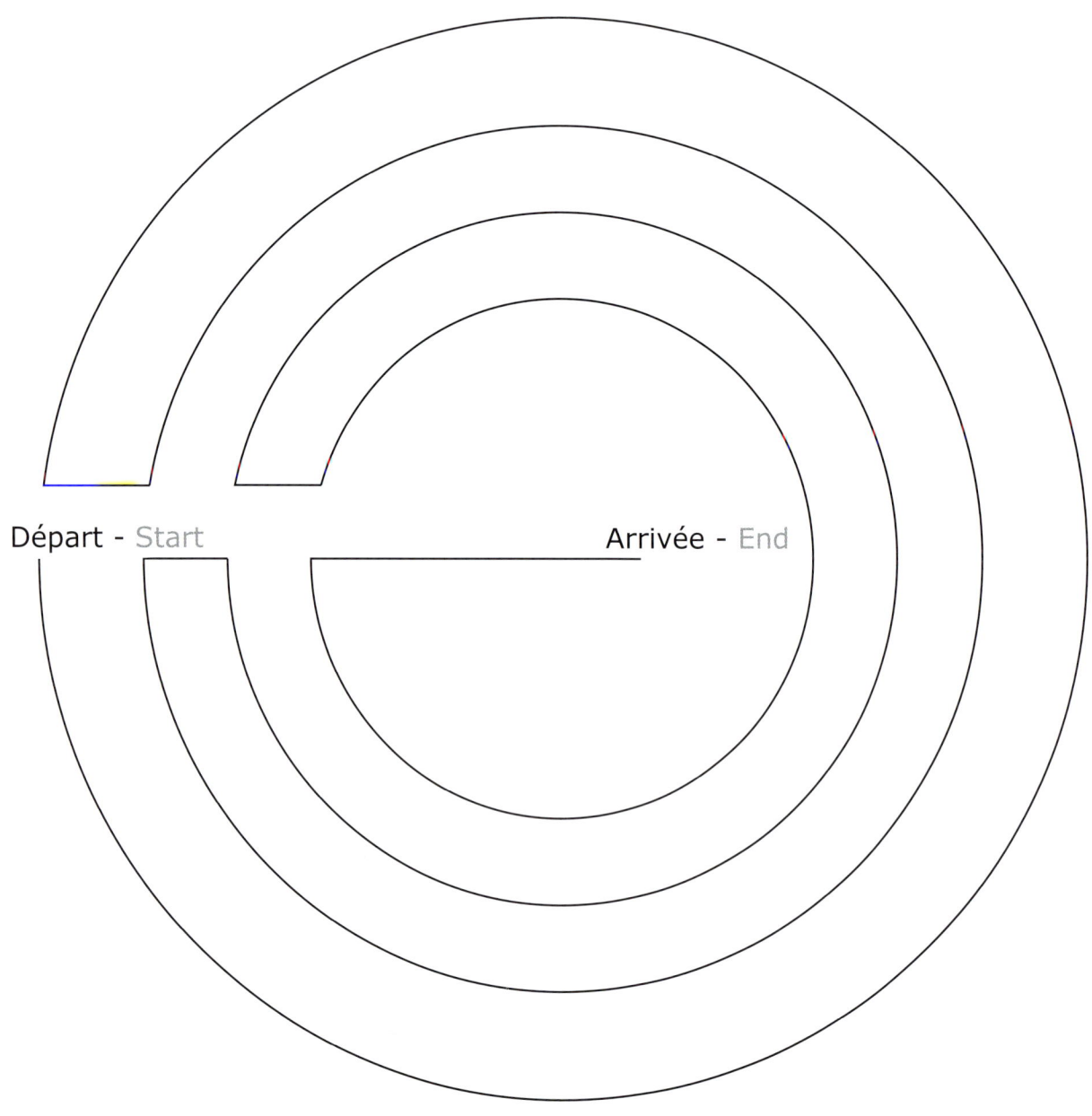

Départ - Start

Arrivée - End

COUTURE SIMPLE OUVERTE
PLAIN OPEN SEAM

ÉLÉMENTS NÉCESSAIRES
- 2 rectangles de 15 cm x 20 cm.

NECESSARY ELEMENTS
- 2 rectangles 15 cm x 20 cm.

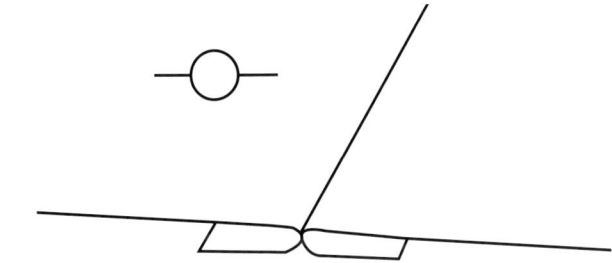

	OPÉRATIONS PROCEDURES	SCHÉMAS DIAGRAMS
1	Repasser la toile avant de couper les rectangles. Iron the muslin before cutting the rectangles.	
2	Superposer les deux épaisseurs de tissu endroit contre endroit et bord à bord. Matching the edges, place the two layers of fabric with right sides together.	
3	Les maintenir ensemble à l'aide d'épingles. Les épingles doivent être perpendiculaires au bord du tissu. À noter : pour plus de précision, épingler toujours les épingles en partant du bord. Place pins to hold them together. The pins must be perpendicular to the edge of the fabric. Note: for more precision, place pins from the edge of fabric towards the center of the sample piece.	
4	Engager le travail sur la machine. Piquer à 1 cm du bord (valeur du couturage). Place the muslin under the sewing machine foot. Stitch at 1 cm from the edge (seam allowance value).	
5	Rabattre l'une des épaisseurs de tissu et repasser la couture en l'ouvrant. Fold down each layer of fabric and iron the seam open.	
6	Repassage final. Final ironing.	

TOME 1

FINITIONS DE COUTURE SIMPLE OUVERTE
PLAIN OPEN SEAM FINISHINGS

Les finitions de coutures simples ouvertes peuvent être multiples et font partie des recherches de finitions de produits, définissant ainsi la qualité et le grade de qualité de ceux-ci (secteur grande diffusion, moyenne gamme, luxe).

There are numerous finishings for a plain open seam. This final product research determines the quality and category (mass distribution sector, middle range, luxury).

COUTURE SIMPLE OUVERTE SURFILÉE
PLAIN OPEN OVERLOCKED SEAM

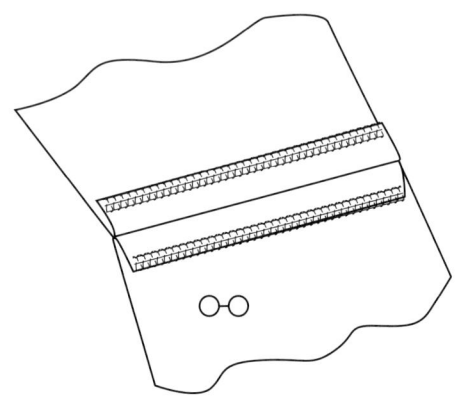

Secteur grande diffusion et moyenne gamme
Le surfilage s'effectue à l'aide d'une surfileuse raseuse avant le montage des coutures, pour les coutures ouvertes.

Mass distribution and middle range sectors
Overlocking is completed using an overlock machine before the plain open seam assembly.

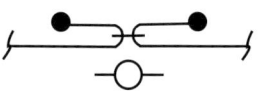

COUTURE SIMPLE OUVERTE RABATTUE
PLAIN OPEN FELLED SEAM

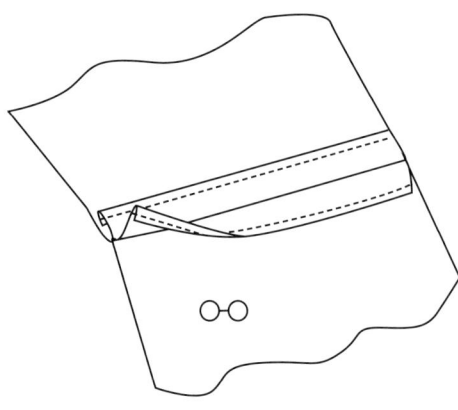

Secteur moyenne gamme
Cette finition s'effectue sur tissus de poids légers à moyens.
Le couturage sera alors de 1.5 cm.
La partie rabattue de 0.5 cm sera piquée nervure à 0.25 cm du bord replié.
Le rabattage de la couture sera piqué avant l'assemblage des deux pièces en couture simple.

Middle range sector
This finishing is for lightweight to middleweight fabrics.
The seam allowance will be 1.5cm.
The edge will be turned down 0.5cm and stitched at 0.25cm from the folded edge.
The folded edge will be stitched before the plain open seam assembly.

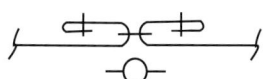

COUTURE SIMPLE OUVERTE BORDÉE D'UN BIAIS (voir fiche bordure biais)
PLAIN OPEN SEAM BOUND WITH BIAS TAPE (refer to bias tape trim)

COUTURE SIMPLE OUVERTE ET ARRONDIE
PLAIN AND CURVED OPEN SEAMS

ÉLÉMENTS NÉCESSAIRES
- 2 rectangles de 15 cm x 20 cm avec une courbe concave sur l'un et une courbe convexe sur l'autre.

NECESSARY ELEMENTS
- 2 rectangles 15 cm x 20 cm with a concave curve on one rectangle and a convex curve on the other.

	OPÉRATIONS PROCEDURES	SCHÉMAS DIAGRAMS
1	Les 6 premières opérations sont celle de la couture simple ouverte. Attention à respecter les valeurs de couturages régulièrement de part et d'autre. Follow the procedure for the plain open seam (6 steps). Be careful to maintain the same seam allowance value on either side of the seam.	
2	Partie du couturage concave : lors du repassage de la couture, fendre le couturage avec une paire de ciseaux brodeur. Le couturage se posera plus facilement sans déformer la couture et les pièces. When ironing the seam allowance on the concave part, slit the seam allowance with a pair of embroidery scissors. This ensures a smooth seam.	
3	Partie du couturage convexe : découper, si besoin est, de petits triangles de tissu dans le bord des coutures convexes. Enlever les chutes de tissu. Le couturage se posera plus facilement sans laisser de trace d'épaisseur sur l'endroit. On the convex part, if necessary, cut out small triangles of fabric along the edge of the curved seam allowance. Remove the offcut fabric. This ensures a smooth seam without leaving marks from the fabric thickness.	

Aborder la machine à coudre • To handle a sewing machine

TOME 1

COUTURE SIMPLE COUCHÉE ET SURFILÉE
PLAIN SEAM FOLDED AND OVERLOCKED

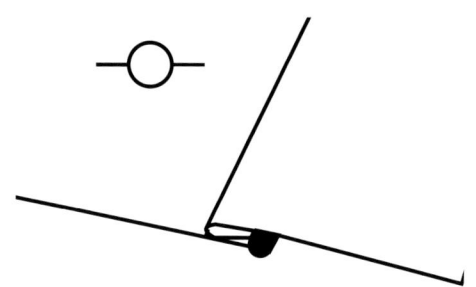

ÉLÉMENTS NÉCESSAIRES
- 2 rectangles de 15 cm x 20 cm.

NECESSARY ELEMENTS
- 2 rectangles 15 cm x 20 cm.

	OPÉRATIONS PROCEDURES	SCHÉMAS DIAGRAMS
1	Repasser la toile avant de couper les rectangles. Iron the muslin before cutting the rectangles.	
2	Superposer les deux épaisseurs de tissu endroit contre endroit. Matching the edges, place the two layers of fabric with right sides together.	
3	Les maintenir ensemble à l'aide d'épingles. Les épingles doivent être perpendiculaires au bord du tissu pour ne pas gêner le passage de la piqûre machine. Place pins to hold them together. The pins must be perpendicular to the edge of the fabric in order to machine stitch over them.	
4	Engager le travail sous le pied de biche de la machine. Piquer à 1 cm du bord (valeur du couturage). Place muslin pieces under the sewing machine foot. Stitch at 1 cm from the edge (seam allowance value).	
5	Surfiler les deux couturages ensemble. Overlock the two seam allowances together.	
6	Rabattre l'une des épaisseurs de tissu et repasser la couture en couchant les deux couturages sur un des côtés. Fold one of the layers of fabric and iron the seam with both seam allowances folded to one side.	
7	Repassage final. Final ironing.	

COUTURE SIMPLE AVEC SURPIQÛRE SIMPLE (0.7 CM)
PLAIN SEAM WITH A SINGLE ROW OF TOPSTITCHING (0.7 CM)

ÉLÉMENTS NÉCESSAIRES
- 2 rectangles de 15 cm x 20 cm.

NECESSARY ELEMENTS
- 2 rectangles 15 cm x 20 cm.

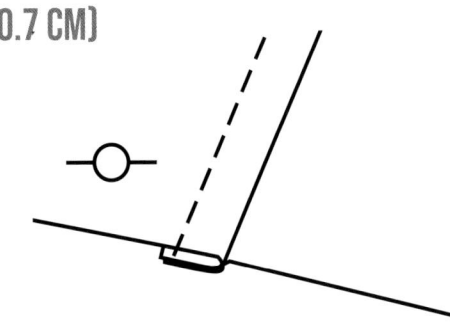

	OPÉRATIONS PROCEDURES	SCHÉMAS DIAGRAMS
1	Repasser la toile avant de couper les rectangles. Iron the muslin before cutting the rectangles.	
2	Superposer les deux épaisseurs de tissu endroit contre endroit. Matching the edges, place the two layers of fabric with right sides together.	
3	Les maintenir ensemble à l'aide d'épingles. Les épingles doivent être perpendiculaires au bord du tissu pour ne pas gêner le passage de la piqûre machine. Place pins to hold them together. The pins must be perpendicular to the edge of the fabric in order to machine stitch over them.	
4	Engager le travail sous le pied de biche de la machine. Piquer à 1 cm du bord (valeur du couturage). Place muslin pieces under the sewing machine foot. Stitch at 1 cm from the edge (seam allowance value).	
5	Rabattre l'une des épaisseurs de tissu et repasser la couture en la couchant côté surpiqûre. Surpiquer sur l'endroit à 7 mm de la couture (régler le point machine entre 3.5 et 5, suivant le modèle). Fold one of the layers of fabric and iron the seam with the seam allowance folded towards the topstitched side. Topstitch on the right side at 7 mm from the seam (adjust the stitch length between 3.5 and 5, according to the garment).	
6	Repassage final. Final ironing.	

Aborder la machine à coudre · To handle a sewing machine

COUTURE SIMPLE AVEC SURPIQÛRE NERVURE (0.2 CM)
PLAIN SEAM WITH RIBBED TOPSTITCHING (0.2 CM)

ÉLÉMENTS NÉCESSAIRES
- 2 rectangles de 15 cm x 20 cm.

NECESSARY ELEMENTS
- 2 rectangles 15 cm x 20 cm.

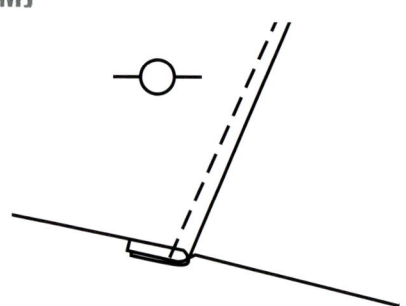

	OPÉRATIONS PROCEDURES	SCHÉMAS DIAGRAMS
1	Repasser la toile avant de couper les rectangles. Iron the muslin before cutting the rectangles.	
2	Superposer les deux épaisseurs de tissu endroit contre endroit. Matching the edges, place the two layers of fabric with right sides together.	
3	Les maintenir ensemble à l'aide d'épingles. Les épingles doivent être perpendiculaires au bord du tissu pour ne pas gêner le passage de la piqûre machine. Place pins to hold them together. The pins must be perpendicular to the edge of the fabric in order to machine stitch over them.	
4	Engager le travail sous le pied de biche de la machine. Piquer à 1 cm du bord (valeur du couturage). Place muslin pieces under the sewing machine foot. Stitch at 1cm from the edge (seam allowance value).	
5	Rabattre l'une des épaisseurs de tissu et repasser la couture en la couchant côté surpiqûre. Surpiquer sur l'endroit à 2 mm de la couture (régler le point machine entre 3.5 et 5, suivant le modèle). Fold one of the layers of fabric and iron the seam with seam allowance folded towards topstitched side. Topstitch on the right side at 2mm from the seam (adjust the stitch length between 3.5 and 5, according to the garment).	
6	Repassage final. Final ironing.	

COUTURE SIMPLE AVEC SURPIQÛRE DOUBLE (0.25 ET 0.7 CM)
PLAIN SEAM WITH DOUBLE TOPSTITCHING (0.25 AND 0.7 CM)

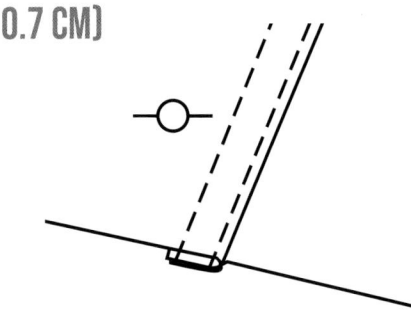

ÉLÉMENTS NÉCESSAIRES
- 2 rectangles de 15 cm x 20 cm.

NECESSARY ELEMENTS
- 2 rectangles 15 cm x 20 cm.

	OPÉRATIONS PROCEDURES	SCHÉMAS DIAGRAMS
1	Repasser la toile avant de couper les rectangles. Iron the muslin before cutting the rectangles.	
2	Superposer les deux épaisseurs de tissu endroit contre endroit. Matching the edges, place the two layers of fabric with right sides together.	
3	Les maintenir ensemble à l'aide d'épingles. Les épingles doivent être perpendiculaires au bord du tissu pour ne pas gêner le passage de la piqûre machine. Place pins to hold them together. The pins must be perpendicular to the edge of the fabric in order to machine stitch over them.	
4	Engager le travail sous le pied de biche de la machine. Piquer à 1 cm du bord (valeur du couturage). Place muslin pieces under the sewing machine foot. Stitch at 1 cm from the edge (seam allowance value).	
5	Rabattre l'une des épaisseurs de tissu et repasser la couture en la couchant côté surpiqûre. Surpiquer sur l'endroit à 2.5 mm de la couture (régler le point machine entre 3.5 et 5, suivant le modèle). Puis à 7 mm de la couture pour doubler la surpiqûre. Turn down one of the layers of fabric and iron the seam with seam allowance folded towards topstitched side. Topstitch on the right side at 2.5 mm from the seam (adjust the stitch length between 3.5 and 5, according to the garment). Then place the second row of topstitching at 7 mm from the seam.	
6	Repassage final. Final ironing.	

TOME 1

COUTURE ANGLAISE
FRENCH SEAM

ÉLÉMENTS NÉCESSAIRES
• 2 rectangles de 17 cm x 20 cm.
NECESSARY ELEMENTS
• 2 retangles 17 cm x 20 cm.

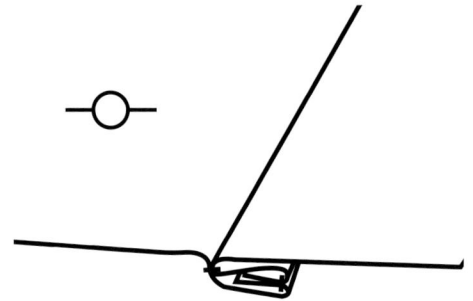

La couture anglaise nécessite un couturage de 1.25 cm.
The French seam requires a 1.25 cm seam allowance value.

	OPÉRATIONS PROCEDURES	SCHÉMAS DIAGRAMS
1	Repasser la toile avant de couper les rectangles. Iron the muslin before cutting the rectangles.	
2	Appliquer les deux épaisseurs de tissu envers contre envers, bord à bord, en les superposant à plat sur la table. Matching the edges, place the two wrong sides of the fabric together, laying them down flat on the table.	
3	Les maintenir ensemble à l'aide d'épingles. Les épingles doivent être perpendiculaires au bord du tissu pour ne pas gêner le passage de la piqûre machine. Place pins to hold them together. The pins must be perpendicular to the edge of the fabric in order to machine stitch over them.	
4	Placer le travail sous le pied de biche de la machine à coudre. Abaisser l'aiguille à une distance du bord égale à 0.5 cm. Abaisser le pied presseur. Tenir le milieu de l'ouvrage avec la main gauche et maintenir les bords de l'ouvrage avec la main droite. Faire avancer l'ouvrage régulièrement en faisant glisser avec la main droite et en guidant de la main gauche. Place muslin pieces under the sewing machine foot. Lower the needle, placing it at 0.5cm from the fabric edge. Lower the pressor foot. Hold the center of the muslin sample with the left hand and maintain the edges together with the right hand. Move forward regularly, sliding the muslin gently with the right hand and guiding it with the left hand.	

5	Repasser coutures ouvertes en posant l'envers du travail côté table. Puis, coucher le couturage du côté gauche et plier le tout en rabattant la partie de droite vers la gauche. Aplatir avec le fer à repasser. Iron seams open. With the wrong side of the fabric facing the table, fold the seam allowance to the left. Then fold the right part on to the left part. Flatten with the iron.	
6	Piquer une couture d'une valeur de 7 mm. Stitch at 7 mm from the edge (right sides together).	
7	Repasser en couchant la couture. Fold the seam over and iron.	

NOTES /

TOME 1

Aborder la machine à coudre • To handle a sewing machine

COUTURE RABATTUE
FELLED SEAM

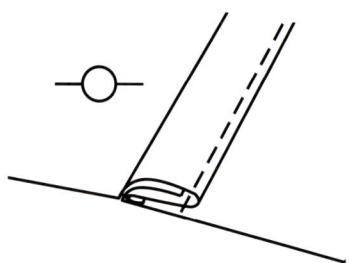

Cette couture est particulièrement employée avec des tissus qui s'effilochent facilement en aspect sportswear.

This seam is used specifically to obtain a sportswear aspect for fabrics that fray easily.

ÉLÉMENTS NÉCESSAIRES

- 1 rectangle de toile 15 cm x 20 cm avec un couturage de 2 cm sur une des longueurs = Rectangle A.
- 1 rectangle de toile 15 cm x 20 cm avec un couturage de 0.75 cm sur une des longueurs = Rectangle B.

Pour une couture rabattue de 0.75 cm de large.

NECESSARY ELEMENTS

- 1 muslin rectangle 15 cm x 20 cm with a seam allowance value of 2 cm along one side = Rectangle A.
- 1 muslin rectangle 15 cm x 20 cm with a seam allowance value of 0.75 cm along one side = Rectangle B.

This is for a felled seam 0.75 cm wide.

	OPÉRATIONS PROCEDURES	SCHÉMAS DIAGRAMS
1	Repasser la toile avant de couper les rectangles. Iron the muslin before cutting the rectangles.	
2	Plier le couturage du rectangle A sur 1.25 cm sur l'endroit dans toute sa longueur puis l'ouvrir. Fold the seam allowance on rectangle A at 1.25 cm on the right side of the fabric along one side, then unfold.	
3	Superposer les deux épaisseurs de tissu endroit contre endroit. Matching the edges, place the two layers of fabric with right sides together.	

4	Rabattre le rentré sur les deux épaisseurs du tissu (rectangle B sur rectangle A). *Fold the seam allowance over the two layers of fabric (rectangle B over rectangle A).*	
5	Engager le travail sur la machine et piquer les trois épaisseurs à 0.5 cm du bord du rentré. *Using the sewing machine, sew the three layers together at 0.5 cm from the edge of the fold.*	5mm
6	Redresser la couture en ouvrant les deux épaisseurs. *Place the seam upright by opening the two layers.*	
7	Coucher la couture vers le bord de la couture. *Fold the seam allowance over the raw edge.*	
8	Maintenir la couture par une piqûre nervure en retournant le travail afin de prendre comme guide la couture entre les deux pièces, donc l'endroit. *On the right side, with a ribbed topstitch, sew the seam allowance flat using the seam as a guide to maintain a parallel.*	
9	Repassage final. *Final ironing.*	

NOTES /

COUTURE RABATTUE DRESSÉE OU FAUSSE COUTURE ANGLAISE
UPRIGHT FELLED SEAM OR FALSE FELLED SEAM

Cette couture est particulièrement employée pour des montages qui s'effilochent facilement dans les tissus fins.

This seam is used specifically for the assembly of fine fabrics that fray easily.

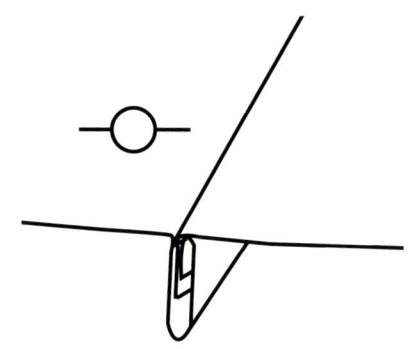

ÉLÉMENTS NÉCESSAIRES
- 1 rectangle de toile 15/20 cm avec un couturage de 2 cm sur une des longueurs = Rectangle A.
- 1 rectangle de toile 15/20 cm avec un couturage de 0.75 cm sur une des longueurs = Rectangle B.
- Pour une couture rabattue dressée de 0.75 cm.

NECESSARY ELEMENTS
- 1 muslin rectangle 15 cm X 20 cm with a seam allowance value of 2cm along one side = Rectangle A
- 1 muslin rectangle 15 cm X 20 cm with a seam allowance value of 0.75 cm along one side = Rectangle B
- This is for an upright felled seam of 0.75cm.

	OPÉRATIONS PROCEDURES	SCHÉMAS DIAGRAMS
1	Repasser la toile avant de couper les rectangles. Iron the muslin before cutting the rectangles.	
2	Sur l'endroit du tissu, plier le couturage du rectangle A de 0.5 cm puis de 0.75 cm dans toute sa longueur puis l'ouvrir. Fold the seam allowance on rectangle A 0.5 cm on to the right side of the fabric, then fold over again 0.75 cm, then unfold.	
3	Superposer les deux épaisseurs de tissu endroit contre endroit, rentrés dépliés. Matching the edges, place the two layers of fabric with right sides together, maintaining seam allowance unfolded.	

4	Rabattre les rentrés sur les deux épaisseurs du tissu. Fold the seam allowance over the two layers of fabric.	
5	Engager le travail sur la machine et piquer les trois épaisseurs à 0.2 cm du bord du rentré. Using the sewing machine, stitch the three layers together at 0.2 cm from the edge of the fold.	2mm
6	Redresser la couture en ouvrant les deux épaisseurs. Place the seam upright by opening the two layers.	
7	Repassage final. Final ironing.	

NOTES /

COUTURE OURLÉE
HEMMED SEAM

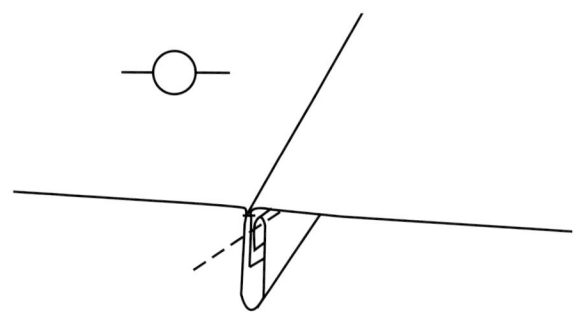

Cette couture est utilisée pour des tissus fins (mousseline, organza, etc.)
This seam is used for fine fabrics (mousseline, organza, etc.).

ÉLÉMENTS NÉCESSAIRES	NECESSARY ELEMENTS
• 1 rectangle de toile 15 cm x 20 cm avec un couturage de 1.5 cm sur une des longueurs = Rectangle A. • 1 rectangle de toile 15 cm x 20 cm avec un couturage de 0.5 cm sur une des longueurs = Rectangle B. Pour une couture ourlée de 0.5 cm	• 1 muslin rectangle 15 cm x 20 cm with a seam allowance value of 1.5 cm along one side = Rectangle A. • 1 muslin rectangle 15 cm x 20 cm with a seam allowance value of 0.5 cm along one side = Rectangle B. This is for a hemmed seam of 0.5 cm.

	OPÉRATIONS PROCEDURES	SCHÉMAS DIAGRAMS
1	Repasser la toile avant de couper les rectangles. Iron the muslin before cutting the rectangles.	
2	Sur l'endroit du tissu, plier le couturage du rectangle A de 0.5 cm 2 fois sur toute sa longueur puis l'ouvrir. Fold the seam allowance on rectangle A 0.5 cm twice, on to the right side of fabric, then unfold.	
3	Superposer les deux épaisseurs de tissu endroit contre endroit, rentrés dépliés. Piquer à 0.5 cm du bord du rectangle sans pli (rectangle B). Matching the edges, place the two layers of fabric with right sides together, maintaining seam allowance unfolded. Stitch at 0.5 cm from the edge of the unfolded rectangle (rectangle B).	

4	Rabattre les rentrés sur les deux épaisseurs du tissu. Fold the seam allowances over the two layers of fabric.	
5	Engager le travail sur la machine et piquer les trois épaisseurs à 0.2 cm du bord du rentré en suivant la première piqûre. Using the sewing machine, stitch the three layers together at 0.2 cm from the edge of the fold. Maintain a parallel to the first row of stitching.	2mm
6	Redresser la couture en ouvrant les deux épaisseurs. Place the seam upright by opening the two layers.	
7	Repassage final. Final ironing.	

NOTES /

COUTURE DÉCALÉE AU CORNET
SHIFTED FELLED SEAM

Cette couture est utilisée pour des coutures résistantes en sportswear avec double surpiqûre comme sur un pantalon jeans.

This seam is used for resistant sportswear seams with double topstitching as on the jeans trousers.

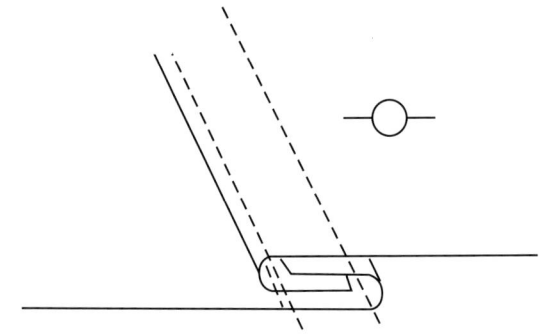

ÉLÉMENTS NÉCESSAIRES	NECESSARY ELEMENTS
• 1 rectangle de toile 15 cm x 20 cm avec un couturage de 1.5 cm sur une des longueurs = Rectangle A. • 1 rectangle de toile 15 cm x 20 cm avec un couturage de 0.5 cm sur une des longueurs = Rectangle B. La partie avec 0.5 cm de couturage sera la pièce mise en relief sur laquelle se trouvera le double surpiquage.	• 1 muslin rectangle 15 cm x 20 cm with a seam allowance value of 1.5 cm along one side = Rectangle A. • 1 muslin rectangle 15 cm x 20 cm with a seam allowance value of 0.5 cm along one side = Rectangle B. The rectangle with a 0.5 cm seam allowance value will be the upper piece with the double topstitching.

	OPÉRATIONS PROCEDURES	SCHÉMAS DIAGRAMS
1	Repasser la toile avant de couper les rectangles. Iron the muslin before cutting the rectangles.	
2	Superposer les deux épaisseurs de tissu endroit contre endroit en décalant les couturages (voir schéma). Matching the edges, place the two layers of fabric with right sides together, while shifting the seam allowances (see diagram).	O—O Rectangle B Rectangle A
3	Piquer à 0.5 cm du bord du rectangle B. Stitch at 0.5 cm from the edge of rectangle B.	5mm

4	Préparer au fer et rabattre 0.5 cm sur le bord du couturage de 1.5 cm vers le couturage de 0.5 cm. Iron and fold 0.5 cm from the edge of the seam allowance value of 1.5 cm towards the seam allowance value of 0.5 cm on rectangle B.	— 5mm
5	Repasser l'endroit en couchant les coutures vers le rectangle B (couturage à 0.5 cm). Piquer nervure sur l'envers. Iron on the right side folding the seam allowances towards the rectangle B (seam allowance 0.5 cm) and sew a row of ribbed topstitching on the wrong side.	
6	Puis retourner et piquer nervure au bord de l'assemblage des deux pièces sur l'endroit. Then turn over, and on the right side, place another row of ribbed topstitching along the edge of the assembled layers.	
7	Repassage final. Final ironing.	

NOTES /

COUTURES DANS LES TISSUS PLASTIFIÉS ET LE CUIR
SEAMS IN PLASTICIZED FABRICS OR IN LEATHER

TECHNIQUE
- Faire un patronage avec le couturage compris.
- Poser le patronage sur le tissu plastifié plié envers contre envers pour empêcher le grignage.
- Fixer le patronage avec des rubans adhésifs ou des poids.
- Couper.

MONTAGE
- Aiguille n° 80 (type 705 130H) ou n°12 (type 2020) ou une aiguille spéciale cuir et plastique
- Point de longueur 4 minimum.
- Fil simili.
- Tension normale.
- Pied teflon ou pied à rouleau.
- La pression du pied presseur peut être accentuée.
- Machine à double ou triple entraînement.

Employer du talc, du savon, de la craie, voir de l'huile de cuisine sur les couturages.

FINITIONS DES COUTURES DANS LE CUIR
Les ressources de coutures se collent sur le vêtement à l'aide de colle spécial cuir.
Marteler le cuir à l'aide d'un marteau de tapissier (bois) ou des anneaux de ciseaux.

TECHNIQUE
- Draft a pattern with the seam allowance value included.
- Place the pattern on the plasticized fabric folded with wrong sides together to avoid wrinkling.
- Fix the pattern to the fabric with adhesive tape or weights.
- Cut.

ASSEMBLY
- Use a needle N° 80 (ref :705 130H) or N° 12 (ref: 2020) or a needle specifically for leather or plastic.
- Stitch length at least N°4.
- Artificial thread.
- Standard tension.
- Teflon foot or roller foot.
- The machine foot pressure can be increased.
- Use a machine with double or triple drive.

Use talcum powder, soap, chalk or even cooking oil on the seams.

FINISHINGS FOR SEAMS IN LEATHER
The flattened seam allowances can be glued to the leather garment by using a special glue for leather (gutta).
Hammer the leather using a wood tapestry hammer or the ring handle on sewing scissors.

COUPE ET ASSEMBLAGE DE BIAIS À CHEVAL
HOW TO CUT AND ASSEMBLE DOUBLE-FOLD BIAS BINDING

Les bandes de biais sont vendues en prêt-à-monter dans les merceries en différentes largeurs mais vous pouvez aussi les fabriquer en coupant une bande dans le biais du tissu choisi. Dans les deux cas, la méthode de pose reste la même.

A commercially prepared bias strip is sold in various widths in notions stores, but you can also make a self-prepared bias strip in the fabric of your choice by cutting a band on the bias.

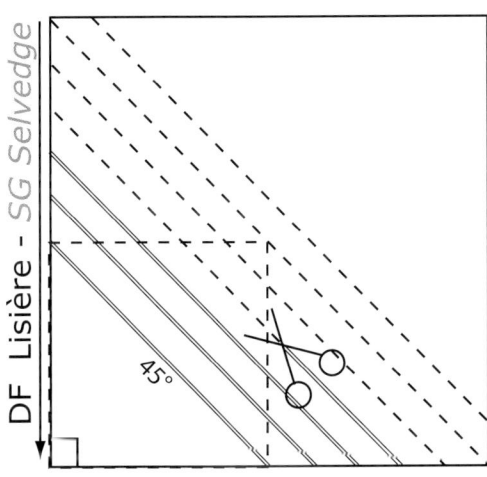

COUPE DU BIAIS
Mesurer la largeur finale du biais désiré et couper des bandes 4 fois plus large. Les lignes de pliure seront situées à un quart de largeur en partant des bords.

CUTTING THE BIAS BINDING
Measure the width of the finished bias binding, multiply this width by 4 and cut the binding.
The fold lines are placed at ¼ of the width from the edges of the binding.

Repérer le biais du tissu en pliant la pièce en deux dans le sens de la diagonale, droit fil parallèle aux lisières.
Repasser ou marquer le pli à la craie tailleur.
Déplier le tissu et marquer les diagonales parallèles au pli. Couper les bandes de tissu.

To mark the bias on a fabric, fold the fabric in half, diagonally, and maintain the straight grain parallel to the selvedges.
Iron or mark the foldline using tailor's chalk.
Unfold the fabric and mark the diagonal lines parallel to the fold. Cut the bias binding.

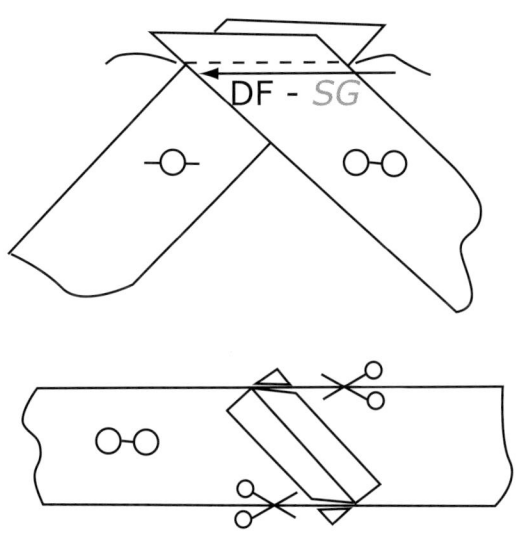

ASSEMBLAGE DES BANDES
Couper les extrémités de la bande en travers, dans le sens du droit fil.
Endroit contre endroit, assembler les bandes (voir schéma) en prévoyant 5 mm pour le couturage.
Ouvrir la couture et couper les angles qui dépassent de la bande.

BIAS BINDING ASSEMBLY
Cut the ends of each bias strip, on the straight grain.
With right sides together, stitch the strips together (see diagram) allowing a 5mm seam allowance value.
Open the seam and cut off the angles that extend beyond the strip.

POSE DE BIAIS À CHEVAL (2 ÉTUDES)
DOUBLE-FOLD BIAS BINDING ASSEMBLY (2 EXAMPLES)

ÉLÉMENTS NÉCESSAIRES
- 1 rectangle de 15 cm x 20 cm.
- 1 morceau de biais préparé de 20 cm.

NECESSARY ELEMENTS
- 1 rectangle 15 cm x 20 cm.
- 1 piece of a prepared binding 20 cm long.

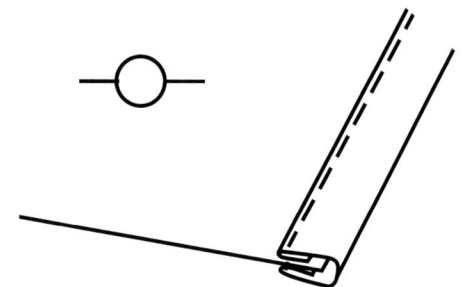

	OPÉRATIONS PROCEDURES	SCHÉMAS DIAGRAMS
1	Repasser la toile avant de couper les rectangles. Iron the muslin before cutting the rectangles.	
2	1re étude (une seule opération) : préparer le biais par repassage (voir préparation du biais). 1st example (one step): prepare the bias by ironing (see bias preparation).	
3	Positionner le rectangle et le biais, la longueur du rectangle étant engagée dans le biais plié. Place the longer side of the muslin rectangle between the two layers of the folded bias tape.	
4	Piquer à 0.25 cm du bord du biais, en veillant à la position de l'aiguille. Stitch at 0.25 cm from the edge of the bias tape, checking the position of the needle.	2.5 mm
5	2e étude (deux opérations) : Préparer le biais par repassage en décalant l'un des bords de 1 mm, puis l'ouvrir. 2nd example (two steps): Prepare the bias tape by ironing while shifting one of the edges 1 mm, then open.	1mm

6	Positionner le rectangle (ou le vêtement), envers contre la table, partie à border à droite. Positionner le biais, ouvert, endroit contre endroit du rectangle (ou du vêtement). Piquer sur la marque de la première pliure du biais. Place the muslin rectangle (or the garment), with the wrong side against the table, and the side to be trimmed with binding to the right. Place the bias, unfolded, right side of bias against right side of rectangle (or garment). Stitch along the first foldline on the bias tape.	
7	Dégager la pièce. Redresser le biais et rabattre le biais rentré. Piquer en décalant le biais de 0.1 cm (sur l'endroit, piqûre dans le sillon de la première couture). Cut off excess on rectangle. Fold the bias up and around the rectangle. Stitch while shifting the bias 0.1 cm away from the garment.	1mm
8	Repassage final. Final ironing.	

NOTES /

DIFFÉRENTES FINITIONS DE COUTURES (VÊTEMENT NON DOUBLÉ)
VARIOUS SEAM FINISHINGS (UNLINED GARMENTS)

	OPÉRATIONS PROCEDURES	SCHÉMAS DIAGRAMS
1	Ciseaux cranteur (à utiliser sur les couturages de tissu non effilochables : loden, caban, feutre, etc.) Pinking shears (to be used on seam allowances for fabrics that do not fray: dry wools, felt, etc.)	
2	Surjet machine (point zigzag sur les machines familiales, mais surtout surfileuse raseuse en industrie). Généralement, les pièces sont surfilées avant le montage, mais certains montages demandent un surfilage après assemblage ; ex : tête de manche + emmanchure. Overlock (zig-zag stitch on a domestic machine, or an industrial overlocking & cutting machine). Generally, fabric pieces are overlocked before assembly, but certain assembly procedures require overlocking after assembly; ex: sleeve crown + armhole.	
3	Rentrés piqués (voir opérations de couture simple / finitions). Tucked and edge-stitched (refer to plain seam finishings).	
4	Biais (bande coupé à 45° du DF chaîne) et bordés (bande de droit fil / à n'utiliser que dans des coutures en ligne droite). Bias (a strip cut on a 45° angle from the straight grain/warp) and straight grain binding (a strip cut on the straight grain: to be used on straight seams only).	
5	Extra-fort et rubans (bandes tissées avec deux lisières finies). Selvedge tape and ribbons (woven strips with finished selvedges).	

Faire les finitions sur les bords des couturages, avant le montage du vêtement, sauf exceptionnellement dans certains assemblages comme la tête de manche et l'emmanchure qui seront surfilées ou habillées ensemble pour plus de propreté.

Seam finishings are made on the edge of the seam allowance before garment assembly. Exceptionally, for certain assembly procedures, such as the sleeve crown and the armhole, the seam allowances can be overlocked (or finished with a bias binding) together. The result is a cleaner finish.

BIAIS D'OURLET DE VÊTEMENT OU FAUX OURLET
GARMENT HEM WITH BIAS BINDING OR FALSE HEM

La pose d'un biais sur un ourlet se fait principalement sur un ourlet de forme arrondie ; la bande en biais en se déformant légèrement, suit alors la forme du vêtement.
Il est donc préférable de mettre le biais en forme avant de le poser : repasser le biais au fer à vapeur en étirant légèrement la partie du biais devant se monter au bas du vêtement.

A hem with bias binding is for a garment with a curved hemline. The bias strip is flexible and follows the garment's shape.
Therefore, it is recommended to pre-shape the bias before assembly. Iron the bias strip using a steam iron by pulling gently on the bias edge before assembly to the garment.

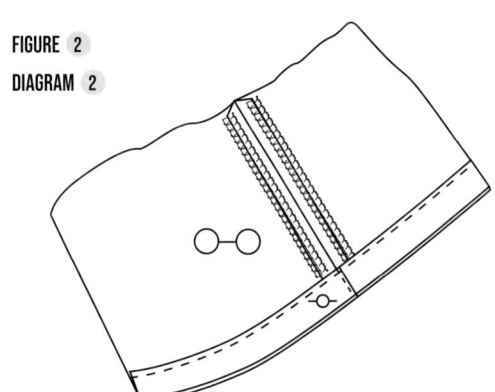

FIGURE 1
DIAGRAM 1

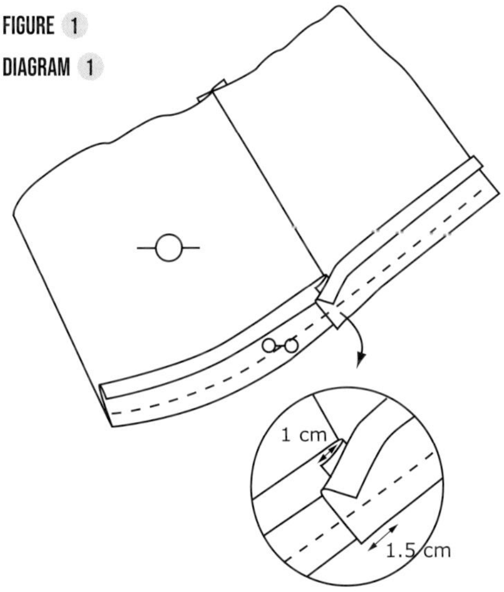

FIGURE 1
Sur un biais réalisé dans le tissu du vêtement, plier et repasser les bords. Ouvrir le rentré du biais correspondant au bas du vêtement.
Positionner le début du biais sur une des coutures côté du vêtement en le retournant sur l'envers sur une valeur d' 1 cm à l'extrémité (voir schéma).
Endroit contre endroit, assembler le biais au bord de l'ourlet.
Couper le biais en trop à l'extrémité et poser cette extrémité à cheval sur le début du montage (1.5 cm).

DIAGRAM 1
For a bias strip made in the same fabric as the garment, fold and iron the edges. Unfold the tucked edge of the bias strip that corresponds to the garment hemline.
Place the beginning of the bias strip over one of the garment's side seams. Fold 1 cm on to the wrong side of bias strip (see diagram).
With right sides together, assemble the bias strip to the edge of the hem.
Cut the excess at the end of the bias strip leaving 1.5 cm that will overlap the beginning of the hem assembly.

FIGURE 2
DIAGRAM 2

FIGURE 2
Rabattre le biais sur l'envers par-dessus la couture d'assemblage.
Repasser en faisant rouler le biais sur l'envers.
Pour terminer, piquer le biais sur l'envers du vêtement à 0.2 cm du haut du biais et assembler les extrémités à points glissés ou par une couture dans le sillon de la ligne de côté du vêtement.

DIAGRAM 2
Fold the bias strip on to the wrong side of fabric and place it over the assembled side seam.
Iron and roll the bias onto the wrong side of fabric.
Sew the bias strip onto the wrong side of the garment at 2 mm from the upper edge of the bias strip. Assemble the ends using a slip stitch or by stitching on the garment's side seamline.

RENFORT D'ANGLE
REINFORCEMENT OF AN ANGLE

ÉLÉMENTS NÉCESSAIRES
- 1 carré de 15 cm x 15 cm.

NECESSARY ELEMENTS
- 1 square 15 cm x 15 cm.

On utilise des renforts dans des angles sensibles notamment dans des tissus légers qui s'effilochent.

It is necessary to reinforce an angle when using light fabrics that fray easily.

	OPÉRATIONS PROCEDURES	**SCHÉMAS** DIAGRAMS
1	Repasser la toile avant de couper le carré. Iron the muslin before cutting the square.	
2	Plier le carré (1) en quatre et en extraire un des angles qui servira de renfort (2) dans la pièce d'étude. Fold the square (1) in four and cut out one of the angles that will be used to reinforce (2) the sample piece.	
3	Positionner le renfort (2) à cheval endroit sur endroit de l'angle de la pièce n°1. Épingler et couper le carré qui dépasse de l'angle (partie grise). Place the reinforcement piece (2) so that it overlaps the angle on piece n°1, with right sides together. Pin and cut out the square that goes beyond the angle (shaded part).	
4	Engager le travail sous le pied de biche de la machine. Piquer en partant à 1 cm de l'angle du couturage jusqu'à l'angle fini et revenir en piquant de l'autre côté de l'angle à 1 cm de l'angle également. Place sample pieces under the sewing machine foot. Stitch beginning at 1 cm from the angle. Stitch maintaining a parallel to the angle on both sides (1 cm seam allowance) and finishing at 1 cm from the angle (see diagram).	
5	Cranter les deux épaisseurs en biais. Clip both layers on the bias.	
6	Retourner. Repasser. L'angle est renforcé et laisse le couturage libre de part et d'autre de l'angle pour la suite du montage. Turn inside out. Iron. The angle is now reinforced leaving the seam allowances free on either side for the remaining assembly procedure.	Valeur de couturage *Seam allowance*

PRÉPARATION DE COUTURES RETOURNÉES
TURNED INSIDE OUT SEAM PREPARATION

	OPÉRATIONS PROCEDURES	SCHÉMAS DIAGRAMS
1	Coutures coulissées en courbes dans un tissu d'épaisseur moyenne (courbes de parementure, par exemple). Assembly for identical curved seams in a medium weight fabric (example: curved facing seams).	
2	Coutures coulissées en courbes dans un tissu épais; à utiliser dans des tissus thermocollés (courbes de parementure, par exemple). Assembly for identical curved seams in a heavy weight fabric. To be used for interfaced fabrics (example: curved facing seams).	
3	Préparation d'angle coulissé (angle de col, par exemple). Preparation for a smooth, clean finished angle (example: collar angle).	
4	Retour d'ourlet avec jonction de coutures transversales. Trim diagonally at hem foldline and seam junction to reduce bulk.	Pliure d'ourlet / Hem foldline

Aborder la machine à coudre • To handle a sewing machine

TOME 1

OURLET REMPLI DOUBLE
TUCKED HEM

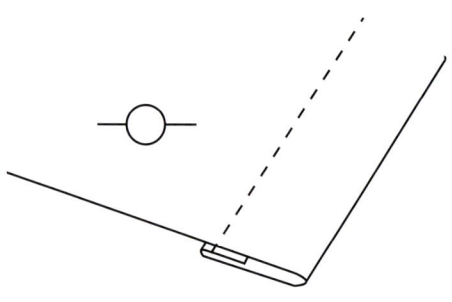

Cet ourlet est utilisé dans le sportswear et plus généralement dans les vêtements non doublés.
Les valeurs d'ourlet varient de 2 à 5 cm selon les modèles, les habitudes d'ateliers et les gammes de fabrication.

This hem is used mostly for unlined garments and for sportswear.
The hem widths can vary from 2 to 5 cm according to the garments, workshop policies and manufacturing processes.

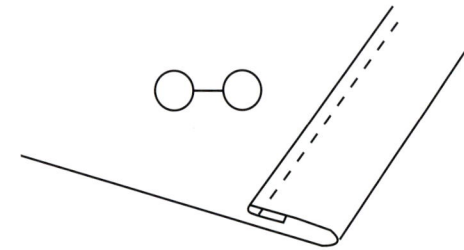

ÉLÉMENTS NÉCESSAIRES
- 1 rectangle de toile 15 cm x 20 cm avec une valeur d'ourlet de 4 cm fini + 1 cm de couturage, soit 5 cm.

NECESSARY ELEMENTS
- 1 muslin rectangle 15 cm x 20 cm with a 4 cm finished hem width + 1 cm of seam allowance = 5 cm.

	OPÉRATIONS PROCEDURES	SCHÉMAS DIAGRAMS
1	Repasser la toile avant de couper le rectangle. Iron the muslin before cutting the rectangle.	
2	Sur l'envers du tissu, replier la valeur du couturage, soit 1 cm. Repasser. On the wrong side of the fabric, fold the seam allowance value of 1 cm. Iron.	
3	Replier ensuite sur l'envers la valeur de l'ourlet fini, soit 4 cm. Repasser. On the wrong side of the fabric, fold the finished hem width of 4 cm. Iron.	

Aborder la machine à coudre • To handle a sewing machine

4	Maintenir avec des épingles posées perpendiculairement au bord de l'ourlet. Maintain the hem by placing pins perpendicular to the edge of the hem.	
5	Piquer toute la longueur de l'ourlet par une piqûre machine à 0.2 cm du bord de l'ourlet. Stitch at 0.2 cm from the upper edge of the hem.	
6	Repassage final Final ironing.	

NOTES /

OURLET MOUCHOIR
DOUBLE TUCKED HEM

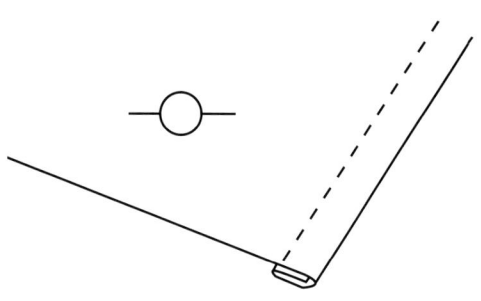

Cet ourlet est utilisé dans le flou pour des ourlets légers, des volants froncés,... notamment dans le domaine du vêtement enfant. Les valeurs d'ourlet varient de 1 à 2 cm selon les modèles, les habitudes d'ateliers et les gammes de fabrication.

This hem is used for loose-fitting garments, for ruffles and for garments in the children's wear sector. The hem widths vary from 1 to 2 cm according to the garments, workshop policies and manufacturing processes.

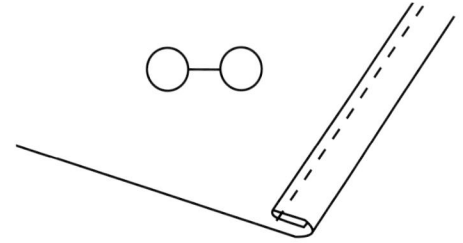

ÉLÉMENTS NÉCESSAIRES
- 1 rectangle de toile 15 x 20 cm avec une valeur d'ourlet de 1 à 2 cm de couturage, selon le modèle.

NECESSARY ELEMENTS
- 1 muslin rectangle 15 cm x 20 cm with a hem width of 1 to 2 cm of seam allowance, depending on the garment.

	OPÉRATIONS PROCEDURES	SCHÉMAS DIAGRAMS
1	Repasser la toile avant de couper le rectangle. Iron the muslin before cutting the rectangle.	
2	Piquer le bord de l'ourlet sur sa valeur repliée, soit 0.5 à 1 cm avec un point machine assez long (3.5 à 4). Repasser. Stitch along the folded hem edge, either at 0.5 or 1 cm from the edge, using a 3.5 to 4 machine stitch length. Iron.	
3	Replier ensuite sur l'envers cette valeur, soit 0.5 à 1 cm. La première piqûre aide à rouler une valeur régulière et sert de repère. Repasser. On the wrong side of the fabric, fold along this stitching (either 0.5 or 1 cm).This row of stitching serves as a guideline to roll the fabric easily. Iron.	

4	Maintenir avec des épingles posées perpendiculairement au bord de l'ourlet. Maintain the hem by placing pins perpendicular to the edge.	
5	Piquer toute la longueur de l'ourlet par une piqûre machine à 0.2 cm du bord de l'ourlet. Retirer la piqûre de repère de l'opération 2 qui devient inutile. Stitch at 0.2 cm from the upper edge of the hem. Remove the row of stitching on the finished hemline (step 2).	2 mm
6	Repassage final. Final ironing.	

NOTES /

Aborder la machine à coudre • To handle a sewing machine

TOME 1

OURLET REMPLI SIMPLE SURFILÉ
OVERLOCKED TUCKED HEM

Cet ourlet est utilisé dans les vêtements flous et le sportswear. Les valeurs d'ourlet varient de 2 à 5 cm selon les modèles, les habitudes d'ateliers et les gammes de fabrication.

This hem is used for loose-fitting garments and for sportswear. The hem widths vary from 2 to 5 cm according to the garments, workshop policies and manufacturing processes.

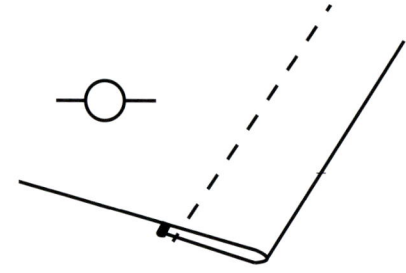

ÉLÉMENTS NÉCESSAIRES
- 1 rectangle de toile 15 cm x 20 cm avec une valeur d'ourlet de 4 cm.

NECESSARY ELEMENTS
- 1 muslin rectangle 15 x 20 cm including a hem width of 4 cm.

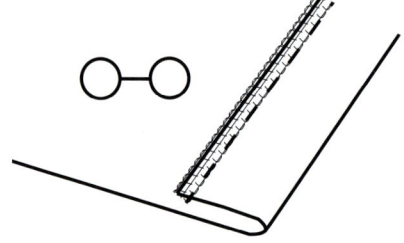

	OPÉRATIONS PROCEDURES	SCHÉMAS DIAGRAMS
1	Repasser la toile avant de couper le rectangle. Iron the muslin before cutting the rectangle.	
2	Surfiler le bord de la valeur d'ourlet. Overlock the hem width edge.	
3	Sur l'envers du tissu, replier la valeur de l'ourlet surfilé. Repasser. On the wrong side of the fabric, fold the hem width with overlocked edge. Iron.	

4	Maintenir avec des épingles posées perpendiculairement au bord de l'ourlet. Maintain by placing pins perpendicular to the edge of the hem.	
5	Piquer toute la longueur de l'ourlet par une piqûre machine qui se situera exactement sur le surfil. Stitch along the upper edge of the hem on top of the overlocking.	
6	Repassage final. Final ironing.	

NOTES /

Aborder la machine à coudre • To handle a sewing machine

TOME 1

OURLET INVISIBLE
INVISIBLE HEM

Cet ourlet est utilisé dans les vêtements flous et non doublés.
Les valeurs d'ourlet varient de 2 à 5 cm selon les modèles, les habitudes d'ateliers et les gammes de fabrication.

This hem is used for loose-fitting and unlined garments. The hem widths vary from 2 to 5 cm according to the garments, workshop policies and manufacturing processes.

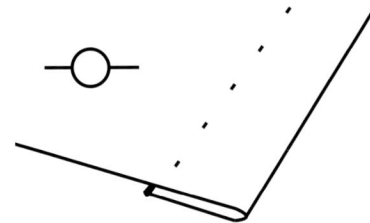

ÉLÉMENTS NÉCESSAIRES
- 1 rectangle de toile 15 cm x 20 cm avec une valeur d'ourlet de 4 cm.

NECESSARY ELEMENTS
- 1 muslin rectangle 15 cm x 20 cm including a hem width of 4 cm.

	OPÉRATIONS PROCEDURES	SCHÉMAS DIAGRAMS
1	Repasser la toile avant de couper le rectangle. Iron the muslin before cutting the rectangle.	
2	Surfiler le bord de la valeur d'ourlet. Overlock the edge of the hem width.	
3	Sur l'envers du tissu, replier la valeur de l'ourlet surfilé. Repasser. On the wrong side of the fabric, fold the overlocked hem width. Iron.	
4	Le maintien de la valeur d'ourlet pourra ensuite se faire soit manuellement par un point de chausson sous le surfil, soit à la machine avec un point d'ourlet invisible. The hem value can be sewn using a hand catch stitch under the overlocking, or with an invisible hem machine stitch.	

5	Fait main : retourner 1 cm de la valeur d'ourlet endroit contre endroit et faire un point de chausson caché par l'ourlet. Le point de chausson se fait de gauche à droite. *Hand made: fold over 1 cm of the hem width maintaining right sides together, and sew using a catch stitch from left to right.*	
6	Machine : épingler la valeur d'ourlet et retourner cette valeur endroit contre endroit de façon à dégager le bord de celui-ci sur 1 cm. Engager le travail sous la machine et piquer avec un point invisible. Ce point se situe à cheval entre les deux épaisseurs de tissu (voir schéma). *Machine: fold and pin the hem width value, maintaining right sides together, and leaving a 1 cm value beyond the garment foldline. Using the machine, sew using the invisible stitch. This stitch straddles the two layers of fabric (see diagram).*	Vêtement / Garment Ourlet / Hem
7	Redresser la valeur d'ourlet retournée. *Flatten the folded hem width.*	
8	Repassage final. *Final ironing.*	

La valeur d'ourlet invisible peut être préalablement thermocollée ou entoilée, notamment dans un tailleur ou un manteau.
Dans ce cas, commencer par le thermocollage de l'ourlet, puis reprendre à partir de l'opération 2.

Prior to assembly, the invisible hem width value can be interfaced or interlined, notably for a tailored suit or a coat.
In this case, begin by interfacing the hem value, then proceed from step 2.

FRONÇAGE
GATHERING

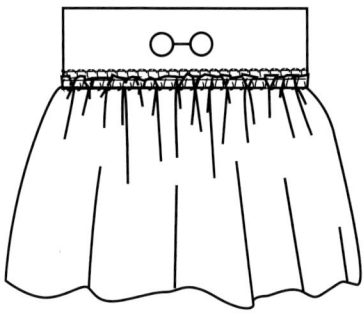

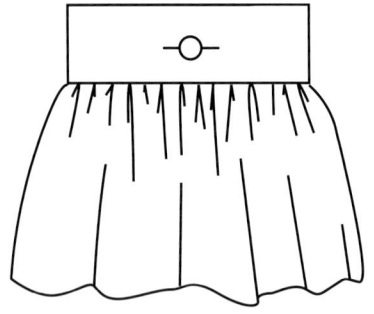

Les fronces servent à créer ou à rassembler un volume (valeur ajoutée, passages de pinces, etc.) sur une dimension voulue.
Elles sont le plus souvent assemblées sur un élément plat (empiècement, ceinture, emmanchure, etc.).
La valeur du fronçage est plus ou moins importante en fonction de l'épaisseur de la matière et du résultat désiré.

Gathers create a predetermined fullness or volume (added value, dart manipulation, etc.) drawn up to correspond to a smaller adjoining seamline.
Gathers are often assembled to a flat piece (yoke, waistband, armhole, etc.).
The gathering value depends on the fabric thickness and the desired result.

ÉLÉMENTS NÉCESSAIRES
- 1 rectangle de toile 10 cm x 20 cm avec un couturage de 1 cm sur une des longueurs = Rectangle A.
- 1 rectangle de toile 20 cm x 40 cm avec un couturage de 1 cm sur une des longueurs = Rectangle B.

NECESSARY ELEMENTS
- 1 muslin rectangle 10 cm x 20 cm including 1 cm of seam allowance value along one side = Rectangle A.
- 1 muslin rectangle 20 cm x 40 cm including 1 cm of seam allowance value along one side = Rectangle B.

	OPÉRATIONS PROCEDURES	**SCHÉMAS** DIAGRAMS
1	Repasser la toile avant de couper les rectangles. Iron the muslin before cutting the rectangles.	
2	Allonger la longueur du point sur votre machine pour faire les fils de fronces (4 à 5). Lengthen the stitch length on your machine (4 to 5) to make machine gathering stitches.	
3	Pour passer les fils de fronces, faire une première piqûre à 0.8 cm du bord du couturage du rectangle B sur les 40 cm de longueur de celui-ci (laisser 10 cm de fil de part et d'autre de la piqûre). Renouveler l'opération par une seconde piqûre à 0.4 cm de la première. Stitch the first row of gathering stitches at 0.8 cm from the edge of the seam allowance of rectangle B along the 40 cm length (leave an excess of 10 cm of thread on either side of the stitching). Stitch the second row of gathering stitches at 0.4 cm from the first row.	Rectangle B 2 1 4 mm 8 mm

4	Tirer sur les deux fils de cannette et répartir les fronces régulièrement pour ramener la longueur froncée du rectangle B sur les 20 cm de longueur du rectangle A. Maintenir la longueur désirée en plaçant une épingle perpendiculairement aux fils de fronces et en enroulant les fils en 8 autour de celles-ci de chaque côté. Pull on both bobbin threads to draw in the gathers. Distribute the gathers evenly on rectangle B along the 20 cm length of rectangle A. Maintain the desired length by placing a pin perpendicular to the gathering stitches and by rolling the threads around the pins at either end.	
5	Diminuer la longueur du point pour revenir à l'assemblage. Superposer les deux épaisseurs de tissu A et B endroit contre endroit. Piquer à 1 cm (entre les deux fils de fronces) en plaçant la partie froncée sous le pied de biche pour aider à la répartition des fronces lors de l'assemblage. Shorten the machine stitch length for assembly. Matching the edges, place the two layers of fabric A and B, with right sides together. Stitch at 1 cm from the edge (between the two rows of gathering stitches) by placing the gathered piece under the machine foot which will help to distribute the gathers evenly.	Rectangle B Rectangle A
6	Retourner le rectangle A et repasser la couture en maintenant les deux valeurs de couturages vers le haut (ne pas repasser les fronces). Unfold rectangle A and iron the seam while maintaining the two seam allowance values towards the top (do not iron the gathers).	
7	Retirer les fils de fronces et surfiler éventuellement les deux couturages ensemble (couture froncée et couture plate). Remove the gathering stitches and overlock the two seam allowances together (gathered seam and flat seam).	

VARIANTES DE FRONÇAGE
- Fronces avec une canette de fil latex. En remplissant la canette avec un fil en latex légèrement tendu, on obtiendra directement un volume froncé lors du passage du fil de fronces sous la machine.
- Fronces par coulisse (passage d'un cordon ou d'un élastique dans un ourlet).

GATHERING VARIATIONS
- Gathers using a latex thread. By filling the bobbin with a slightly taut latex thread, a gathered volume is obtained directly when the machine gathering stitch is used.
- Gathers using a drawstring (a string or an elastic pulled through a casing on a garment).

POSE D'UNE TALONNETTE (PANTALON HOMME)
TROUSER HEM HEEL STAY (MEN'S TROUSERS)

ÉLÉMENTS NÉCESSAIRES
- 1 bas de pantalon avec valeur d'ourlet ou de revers
- de la talonnette pour tout le tour du bas de jambe ou plus communément pour la partie dos du pantalon d'une couture à l'autre

NECESSARY ELEMENTS
- 1 trouser bottom with a hem or a cuff.
- Heel stay cotton band equal to the diameter of the trouser hem, or to the length of the back trouser hem from one seam to another.

La talonnette est une tresse de coton dont l'un des côtés est renforcé par un bourrelet. Sa pose à l'intérieur du bas de jambe évite l'usure causée par le frottement du bord inférieur du pli contre le talon de la chaussure.

The trouser hem heel stay is a cotton band with padded reinforcing on one side. It is sewn to the interior of the trouser hem to prevent wear in the area that will come into contact with the back of the shoe.

	OPÉRATIONS PROCEDURES	SCHÉMAS DIAGRAMS
1	Positionner la talonnette endroit contre endroit de la jambe du pantalon de façon à ce que le bourrelet dépasse légèrement le niveau de la pliure de l'ourlet. Place the right side of the heel stay cotton band to the right side of the trouser hem so that the padded edge of the band overlaps the hem's foldline.	Pliure d'ourlet / *Hem's foldline*
2	Piquer tout autour de la talonnette en repliant sur l'envers les deux extrémités. Stitch all around the heel stay cotton band folding the two ends on to the wrong side.	
3	Plier la valeur d'ourlet et fermer par un ourlet invisible. Fold the hem width value and close it with an invisible hem.	Pantalon avec talonnette / *Trouser hem with simple hem and heel stay cotton band* Pantalon avec revers et talonnette / *Trouser hem with cuff and heel stay cotton band.*

PATTES DE BOUTONNAGE

BUTTONING PLACKETS AND TABS

BOUTONS ET BOUTONNIÈRES
BUTTONS AND BUTTONHOLES

PATTE DE BOUTONNAGE
La demi valeur de croisure est égale au diamètre du bouton + son épaisseur. Cette valeur est à porter au-delà du milieu devant ou du milieu dos (selon le modèle).
- Pointer le centre du bouton sur le patronage.

BUTTONING PLACKET
Half of the cross-over width is equal to the button dimension. This value is placed as an extension to the center front or center back line (according to style and design of garment).
- Mark the center of each button on the pattern.

BOUTONNIÈRES
= largeur + épaisseur du bouton + 3 mm pour les barres d'extrémité.
- Pointer les deux extrémités sur le patronage.

BUTTONHOLES
= button dimension + 3 mm for bar tacks at each end.
- Mark the buttonhole placement on the pattern.

BOUTONNIÈRES VERTICALES
- À positionner sur les pattes ou bandes de boutonnage des chemises, chemisiers, corsage.
- Placées directement sur le milieu devant.

La première boutonnière (après celle du pied de col) se trouve de 5 à 6 cm au dessous de l'encolure, puis tous les 9 à 11 cm. S'il n'y a pas de pied de col, placer la première boutonnière à la valeur du diamètre du bouton à partir de l'encolure devant.
- Veiller à placer une boutonnière sur ou très près de la ligne de poitrine et de la ligne de taille pour éviter des ouvertures accidentelles.
- Laisser une distance au bas du vêtement sans boutonnage.

VERTICAL BUTTONHOLES
- Place on tabs or buttoning plackets for shirts and blouses.
- Placed directly on the center front line.

The first buttonhole on the garment (following the buttonhole placed on the collar band) is placed at 5 or 6 cm from the neckline, then every 9 to 11 cm. If the garment does not have a collar band, place the first buttonhole at the value equal to the button dimension from the front neckline.
- To avoid accidental openings, place a buttonhole on or near to the bustline and the waistline.
- Leave a distance at the bottom of garment without a buttonhole.

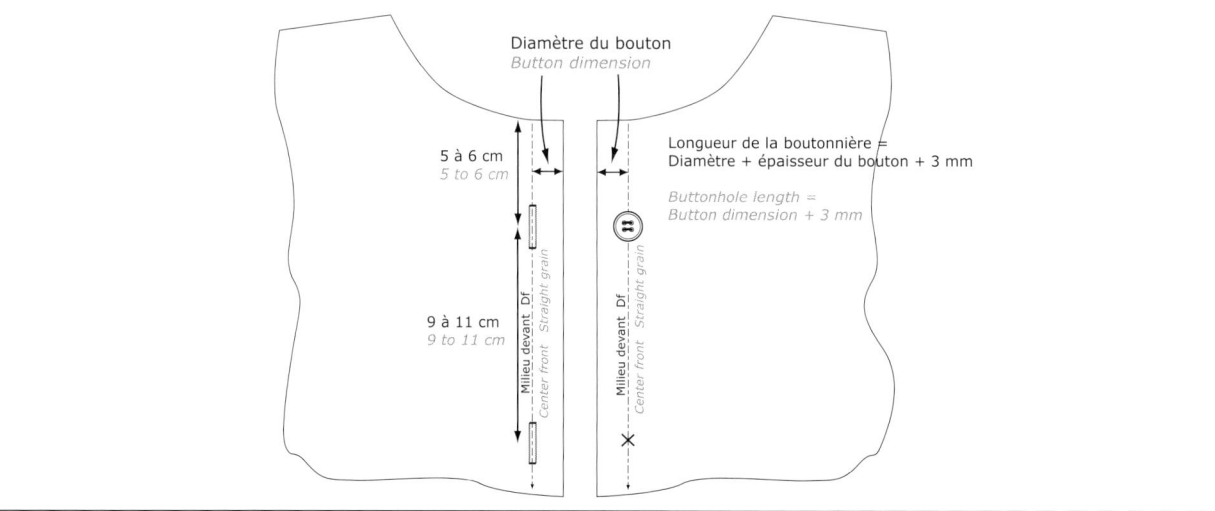

BOUTONNIÈRES HORIZONTALES

- À positionner sur tous types de vêtements près du corps (ceintures de jupes, de pantalons,…), ainsi que les pièces à manches (tailleurs, manteaux, …).
- Placées perpendiculairement au milieu devant.
- Départ de la boutonnière à 3 mm du milieu devant.

La première boutonnière (après celle du pied de col) se trouve à 5 ou 6 cm de l'encolure, puis tous les 9 à 11 cm. S'il n'y a pas de pied de col, placer la première boutonnière à la valeur du diamètre du bouton à partir de l'encolure devant.

- Veiller à placer une boutonnière sur ou très près de la ligne de poitrine et de la ligne de taille pour éviter des ouvertures accidentelles.
- Laisser une distance au bas du vêtement sans boutonnage.

HORIZONTAL BUTTONHOLES

- Used on close fitting garments (skirt waistbands, trouser waistbands…) as well as on suits, coats…
- Placed perpendicular to the center front line.
- Beginning of buttonhole overlaps center front line by 3 mm.

The first buttonhole on the garment (following the buttonhole placed on the collar band) is placed at 5 or 6 cm from the neckline, then every 9 to 11 cm. If the garment does not have a collar band, place the first buttonhole at the value equal to the button dimension from the front neckline.

- To avoid accidental openings, place a buttonhole on or near to the bustline and the waistline.
- Leave a distance at the bottom of garment without a buttonhole.

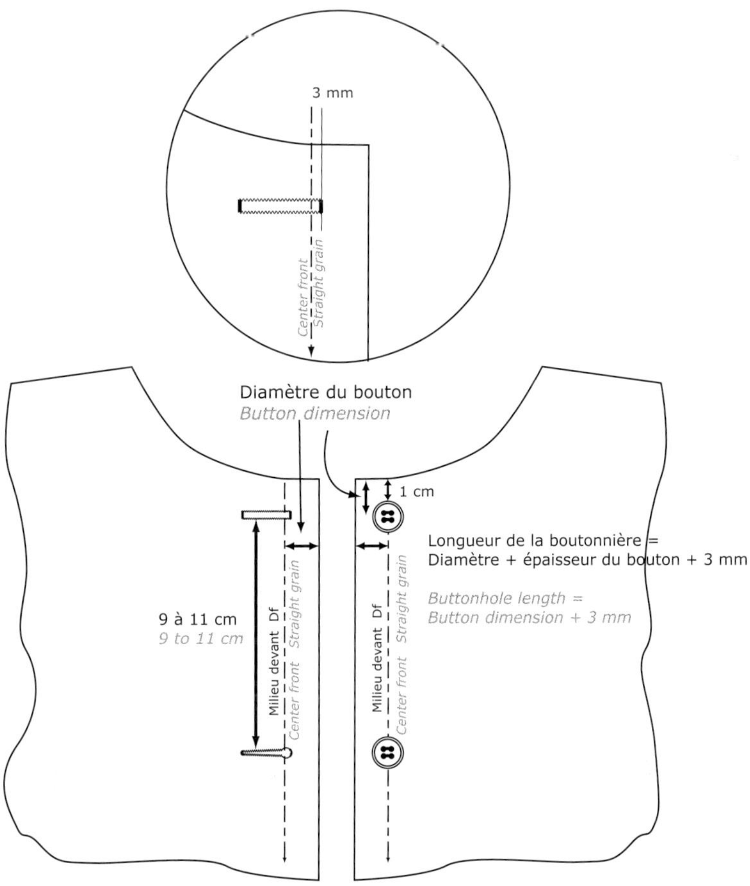

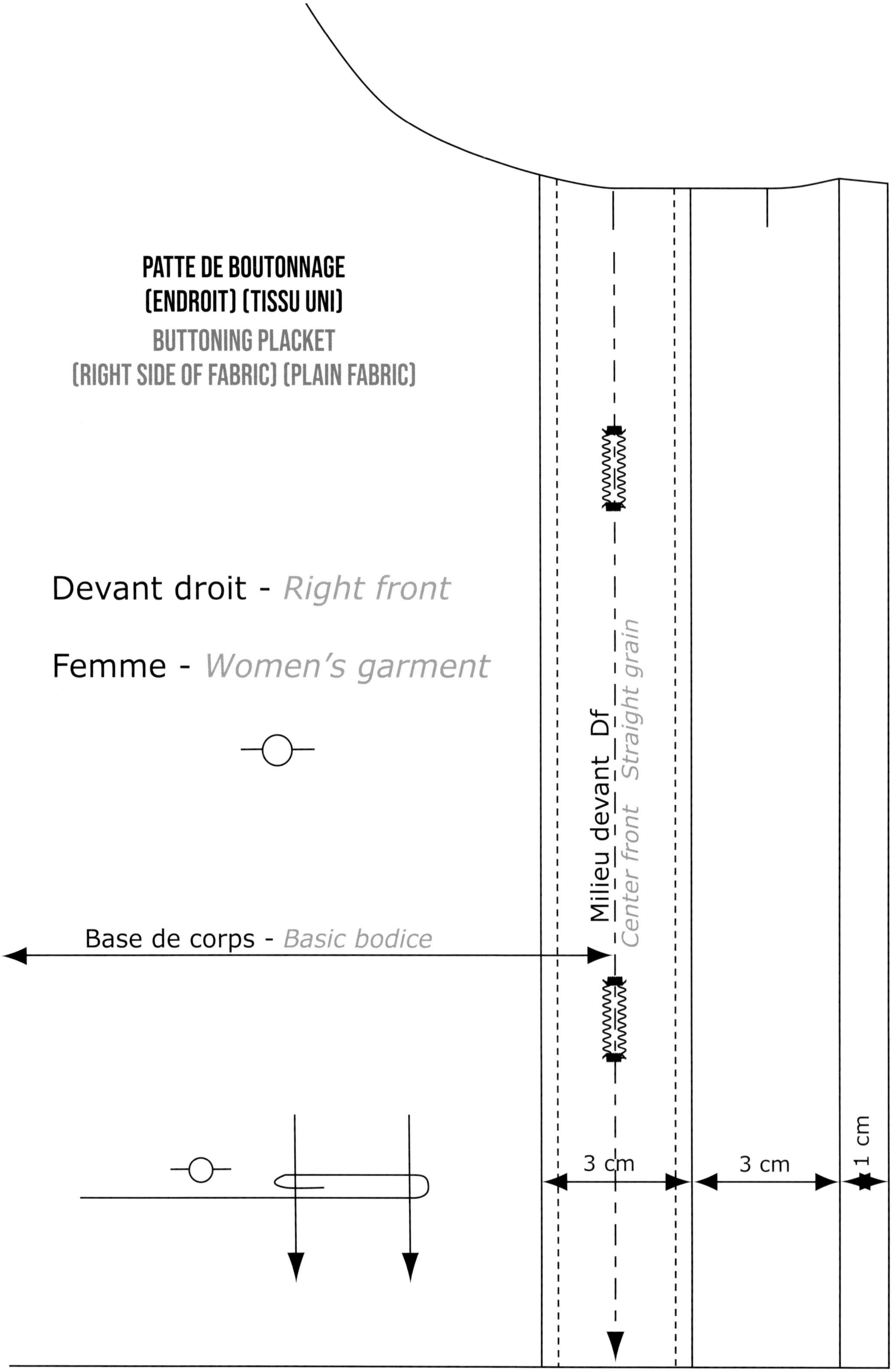

**PATTE DE BOUTONNAGE
(ENDROIT) (TISSU UNI)**
BUTTONING PLACKET
(RIGHT SIDE OF FABRIC) (PLAIN FABRIC)

Devant droit - *Right front*

Femme - *Women's garment*

Base de corps - *Basic bodice*

Milieu devant Df - *Center front Straight grain*

3 cm 3 cm 1 cm

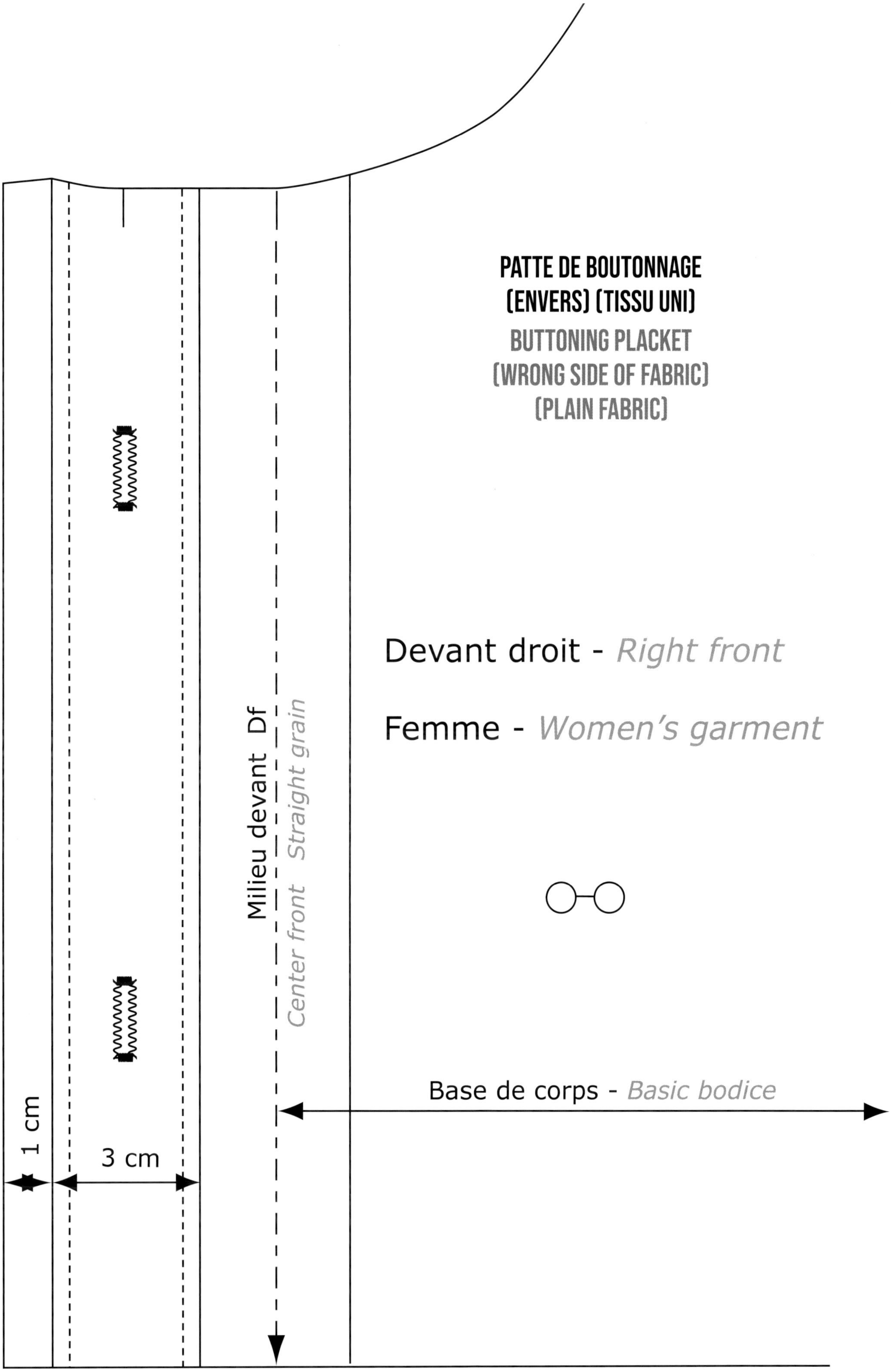

**PATTE DE BOUTONNAGE
(ENVERS) (TISSU UNI)**
*BUTTONING PLACKET
(WRONG SIDE OF FABRIC)
(PLAIN FABRIC)*

Devant droit - *Right front*

Femme - *Women's garment*

Milieu devant Df - *Center front Straight grain*

Base de corps - *Basic bodice*

1 cm

3 cm

PATTE DE BOUTONNAGE (TOUS TISSUS)
BUTTONING PLACKET (ALL FABRICS)

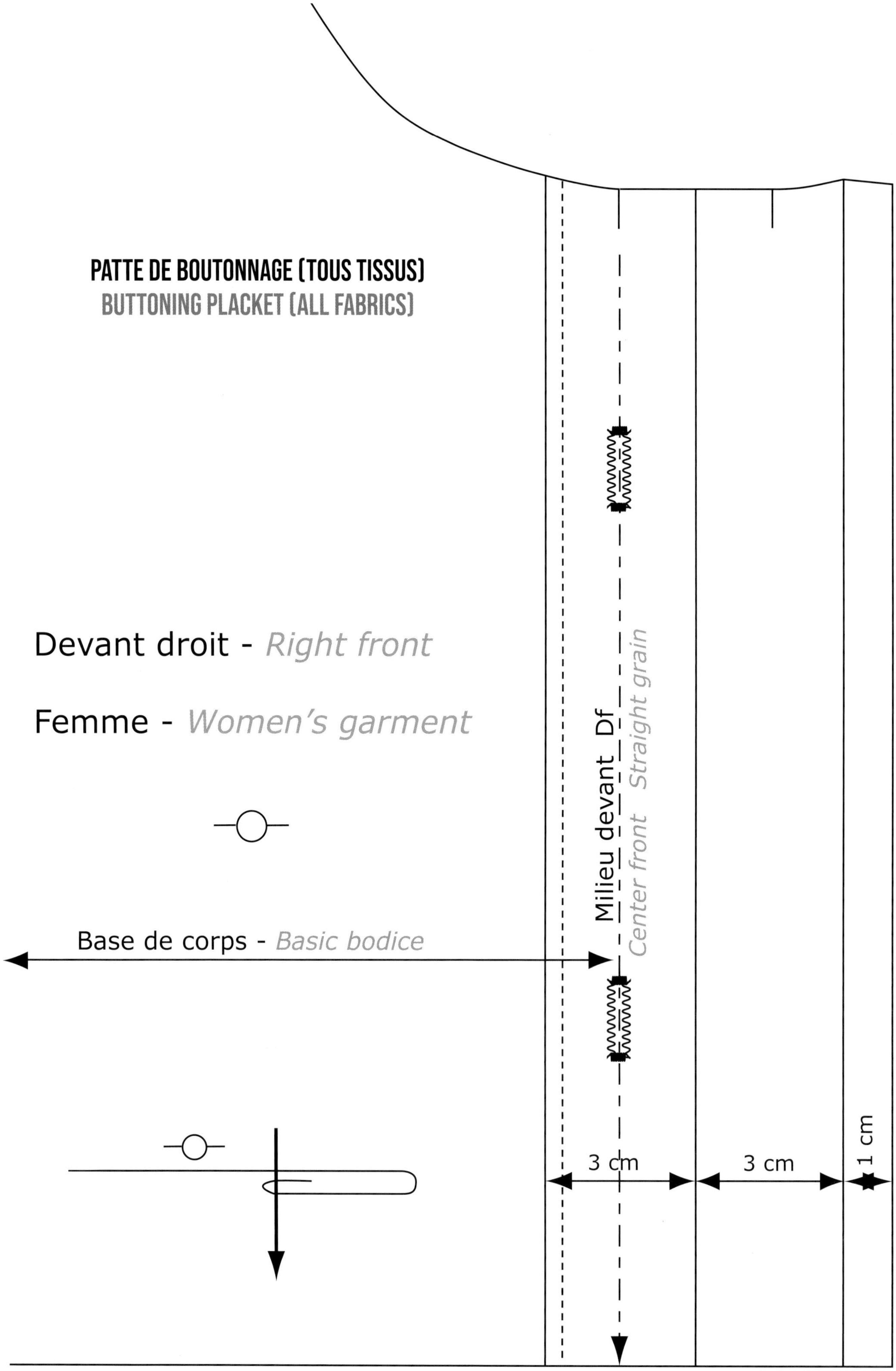

Devant droit - *Right front*

Femme - *Women's garment*

Base de corps - *Basic bodice*

Milieu devant Df *Center front Straight grain*

3 cm   3 cm   1 cm

PATTE DE BOUTONNAGE CACHÉE
HIDDEN BUTTONING PLACKET

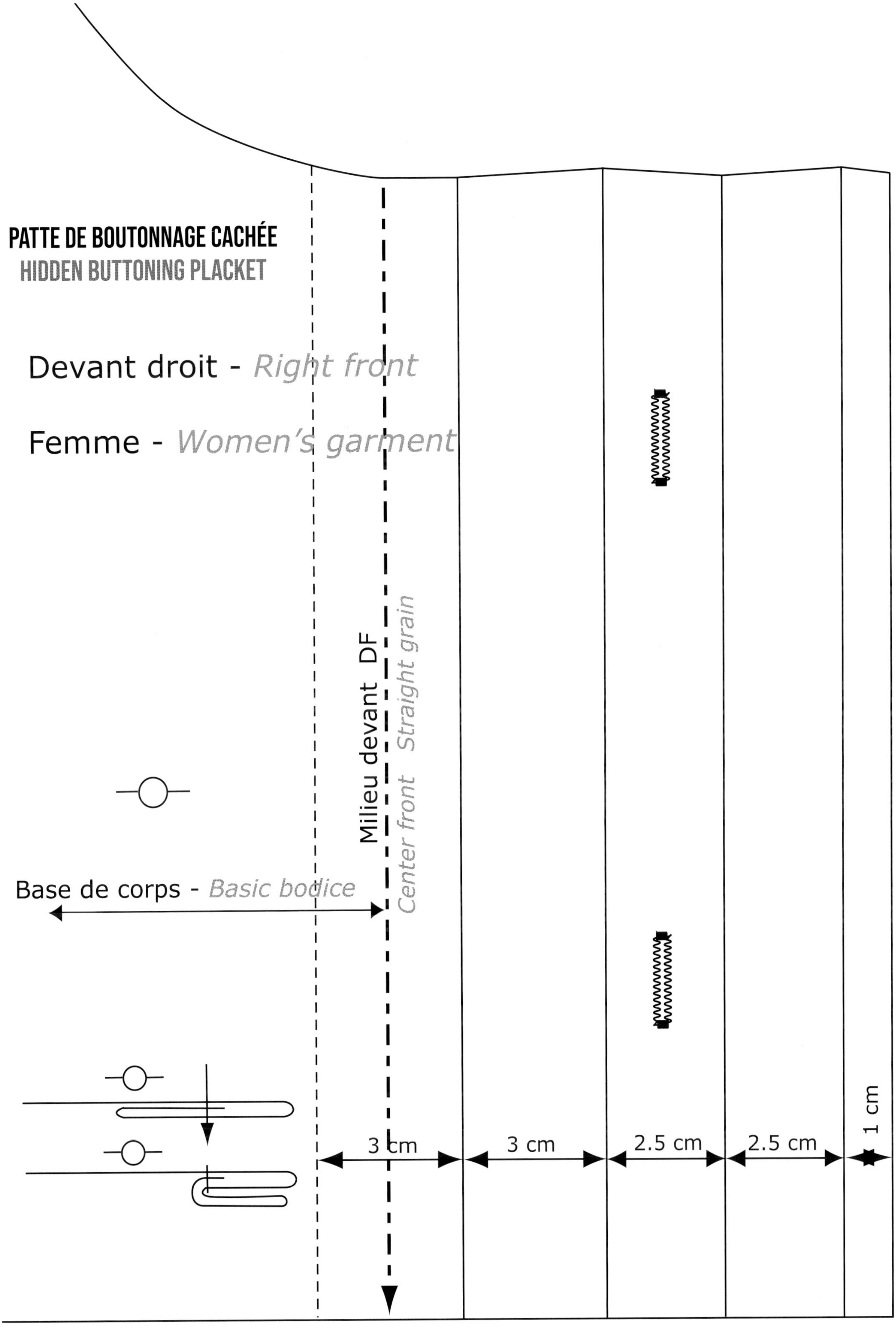

Devant droit - *Right front*

Femme - *Women's garment*

Milieu devant DF - *Center front*
Straight grain

Base de corps - *Basic bodice*

3 cm | 3 cm | 2.5 cm | 2.5 cm | 1 cm

TOME 1

61

PATTE AMÉRICAINE (TOUS TISSUS)
FOLDED BUTTONING PLACKET
(ALL FABRICS)

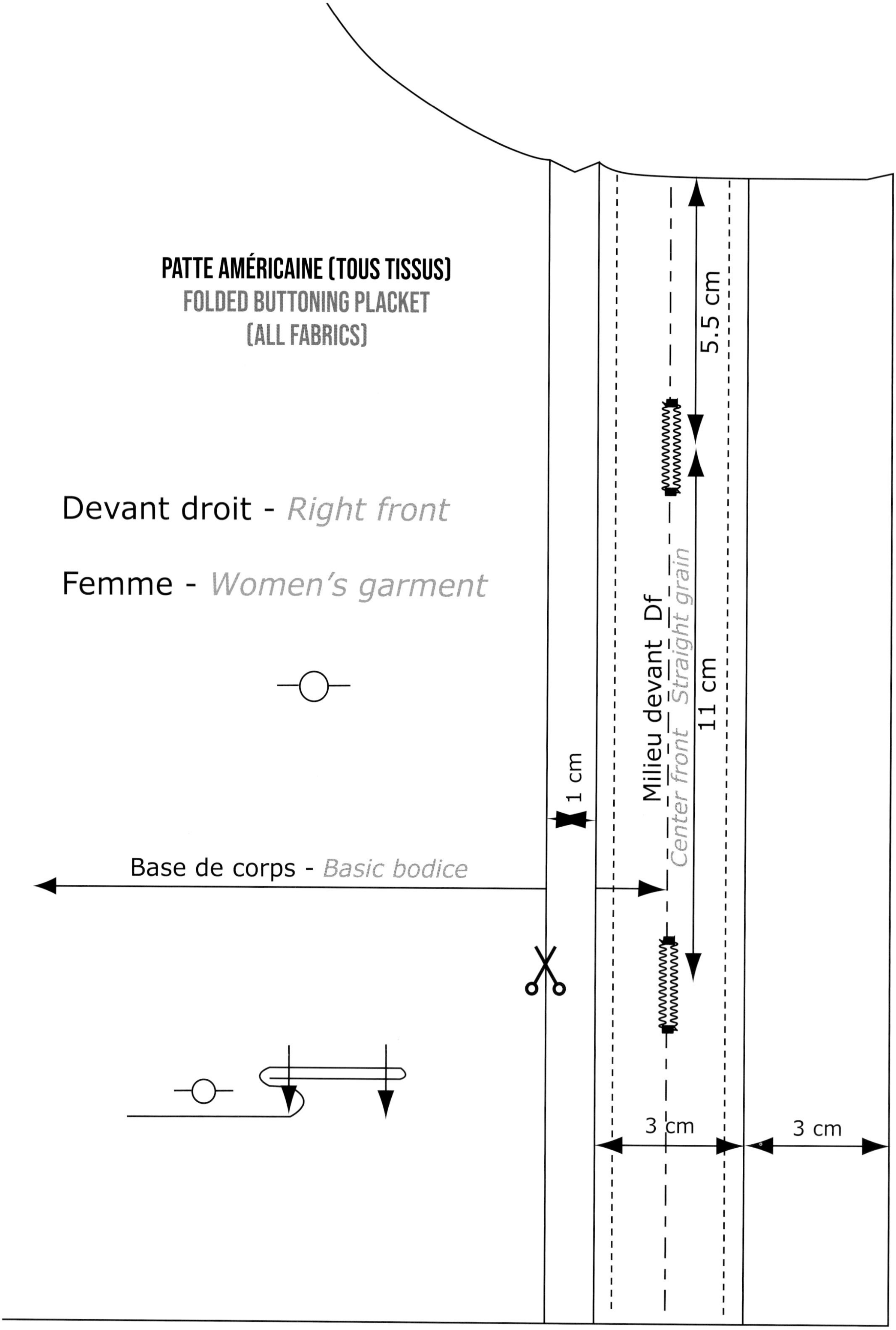

Devant droit - *Right front*

Femme - *Women's garment*

Base de corps - *Basic bodice*

Milieu devant Df - *Center front* Straight grain

5.5 cm
11 cm
1 cm
3 cm
3 cm

PATTE DE BOUTONS (TOUS TISSUS)
BUTTON PLACKET (ALL FABRICS)

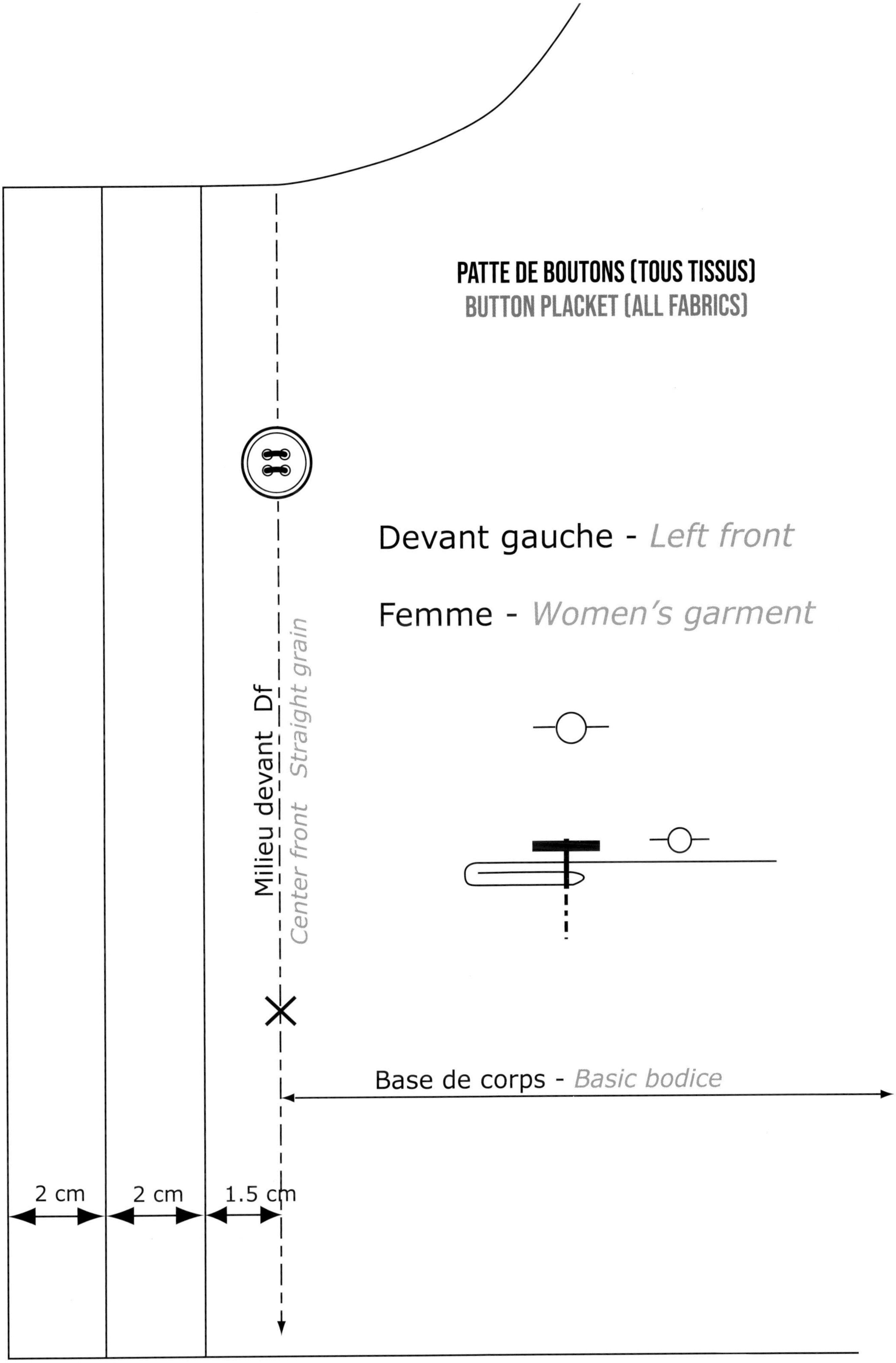

Devant gauche - *Left front*

Femme - *Women's garment*

Milieu devant Df — *Center front Straight grain*

Base de corps - *Basic bodice*

2 cm | 2 cm | 1.5 cm

TOME 1

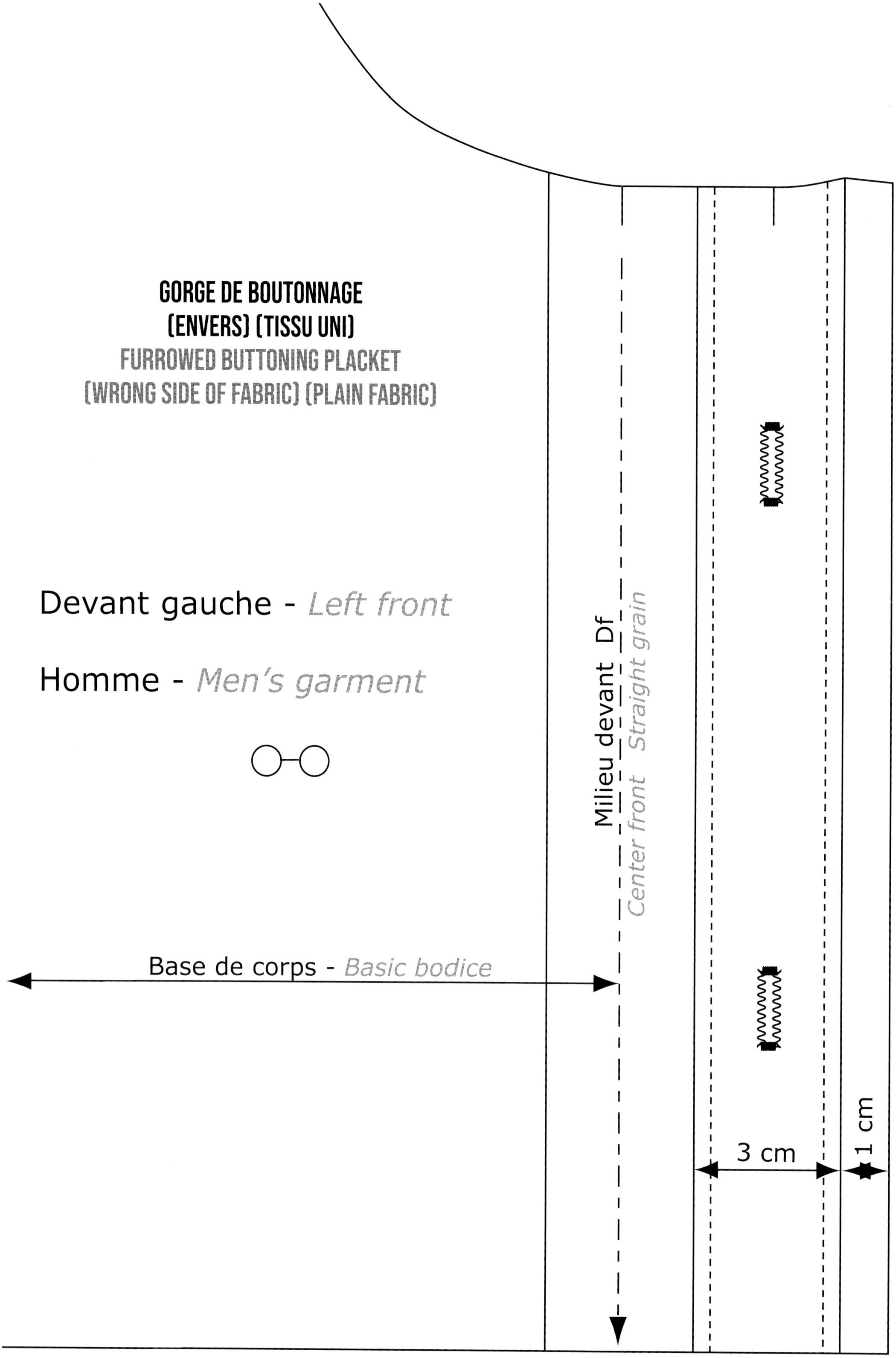

GORGE DE BOUTONNAGE
(ENVERS) (TISSU UNI)
FURROWED BUTTONING PLACKET
(WRONG SIDE OF FABRIC) (PLAIN FABRIC)

Devant gauche - *Left front*

Homme - *Men's garment*

Base de corps - *Basic bodice*

Milieu devant Df — *Center front Straight grain*

3 cm

1 cm

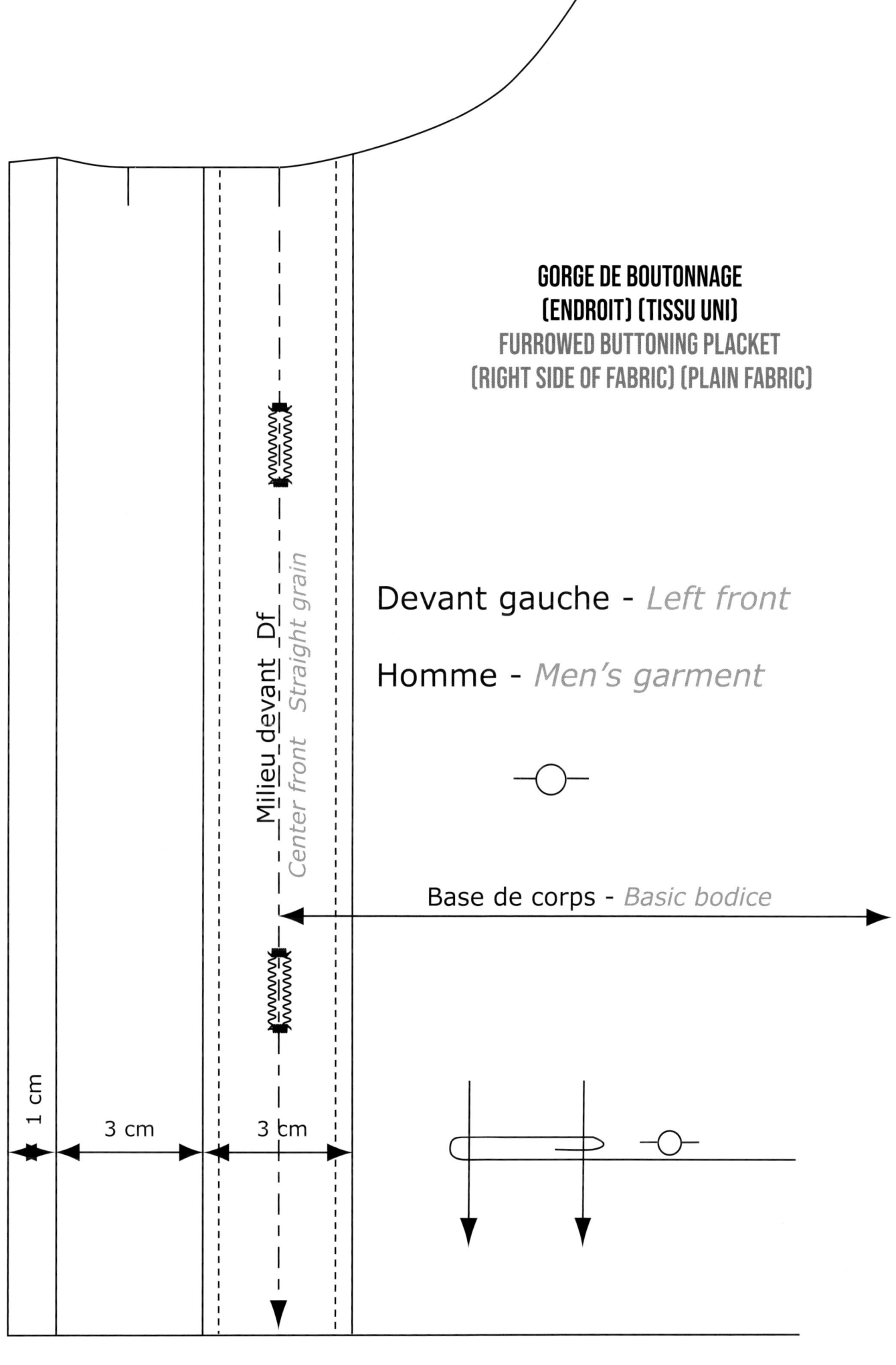

GORGE DE BOUTONNAGE (TOUS TISSUS)
FURROWED BUTTONING PLACKET (ALL FABRICS)

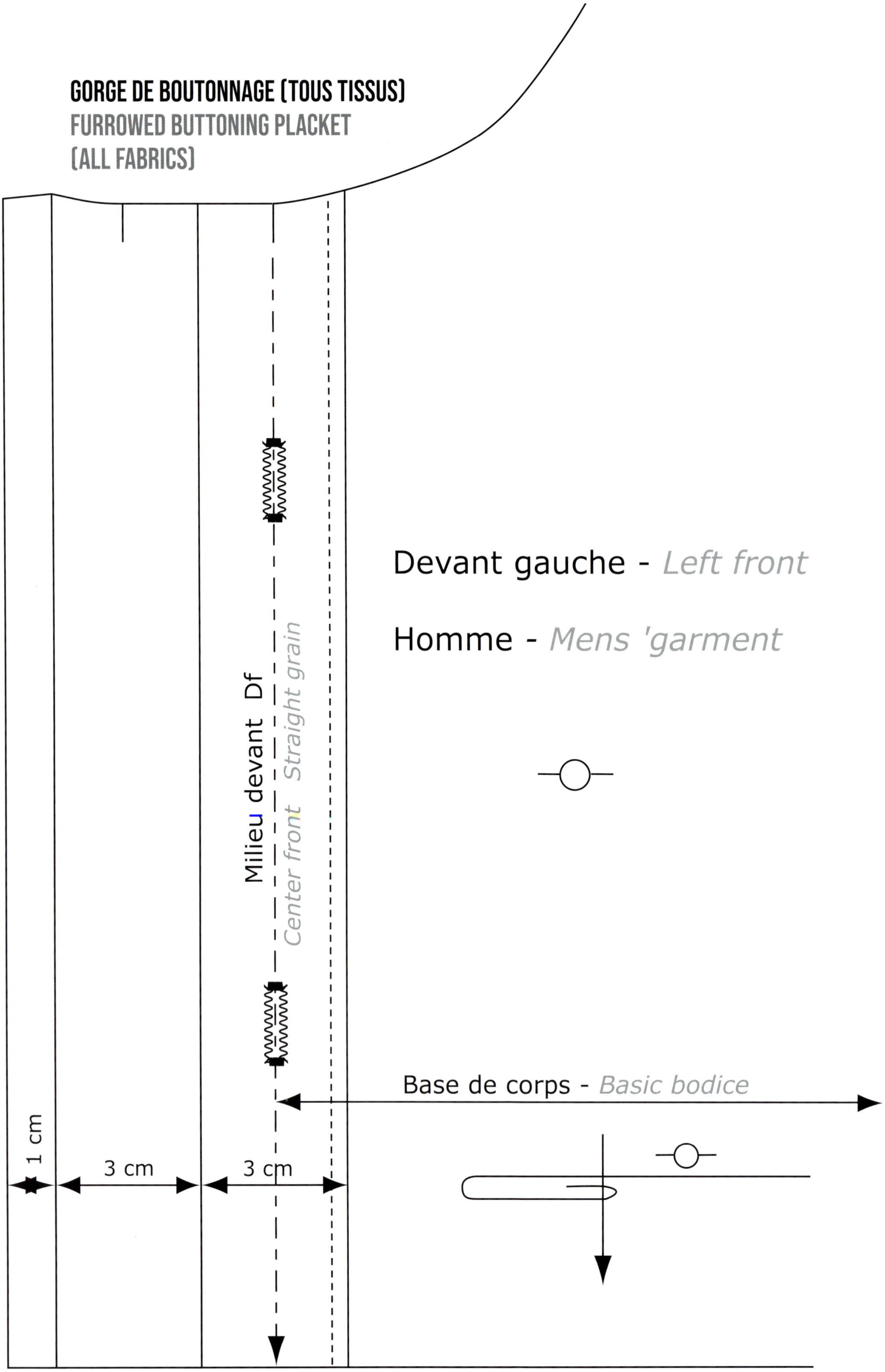

Devant gauche - *Left front*

Homme - *Mens 'garment*

Milieu devant Df — *Center front*
Straight grain

Base de corps - *Basic bodice*

1 cm 3 cm 3 cm

VOLUME 1

GORGE DE BOUTONNAGE CACHÉE
HIDDEN FURROWED BUTTONING PLACKET

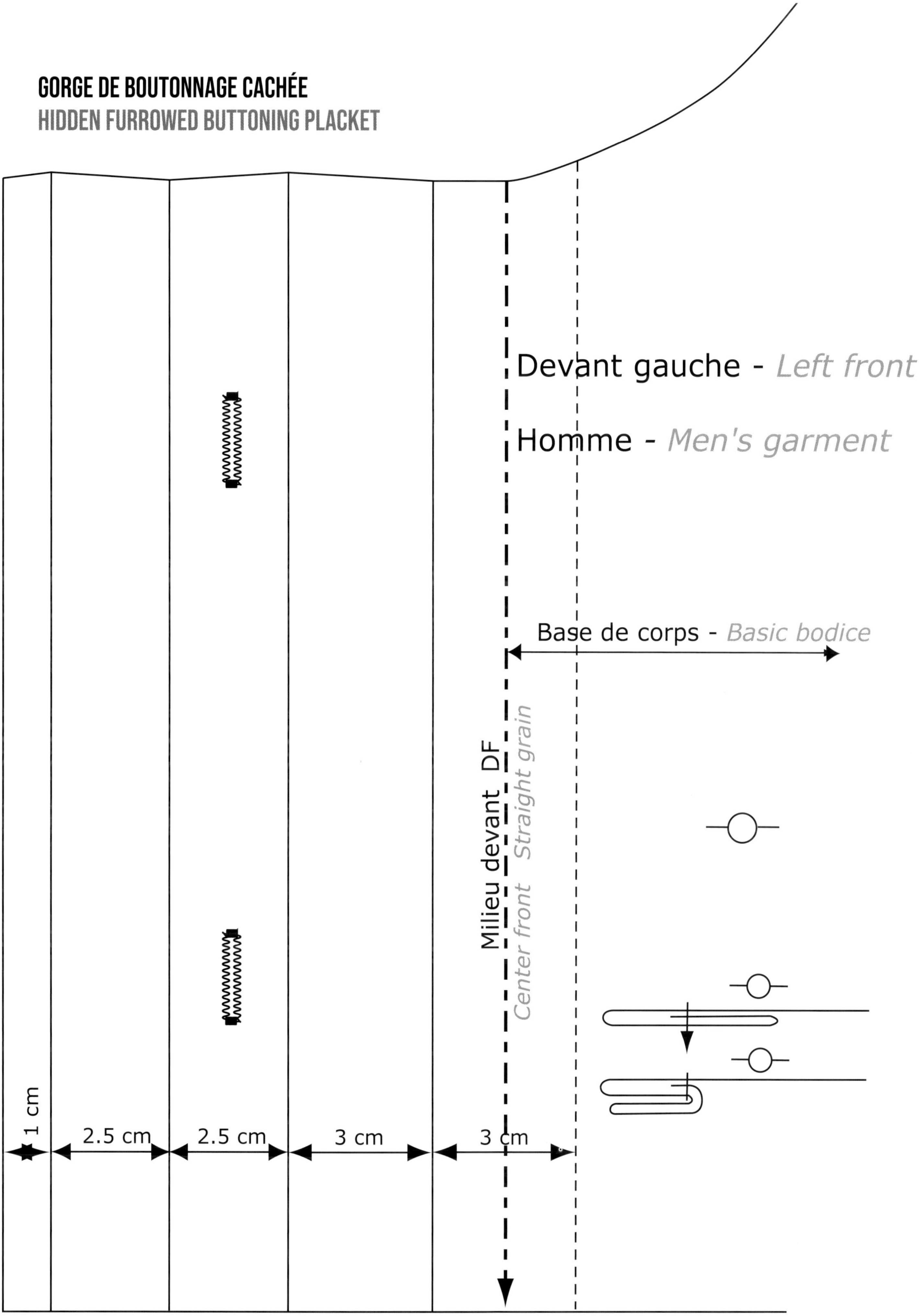

Devant gauche - *Left front*

Homme - *Men's garment*

Base de corps - *Basic bodice*

Milieu devant DF - *Center front Straight grain*

1 cm · 2.5 cm · 2.5 cm · 3 cm · 3 cm

TOME 1

GORGE AMÉRICAINE (TOUS TISSUS)
FOLDED FURROWED BUTTONING PLACKET (ALL FABRICS)

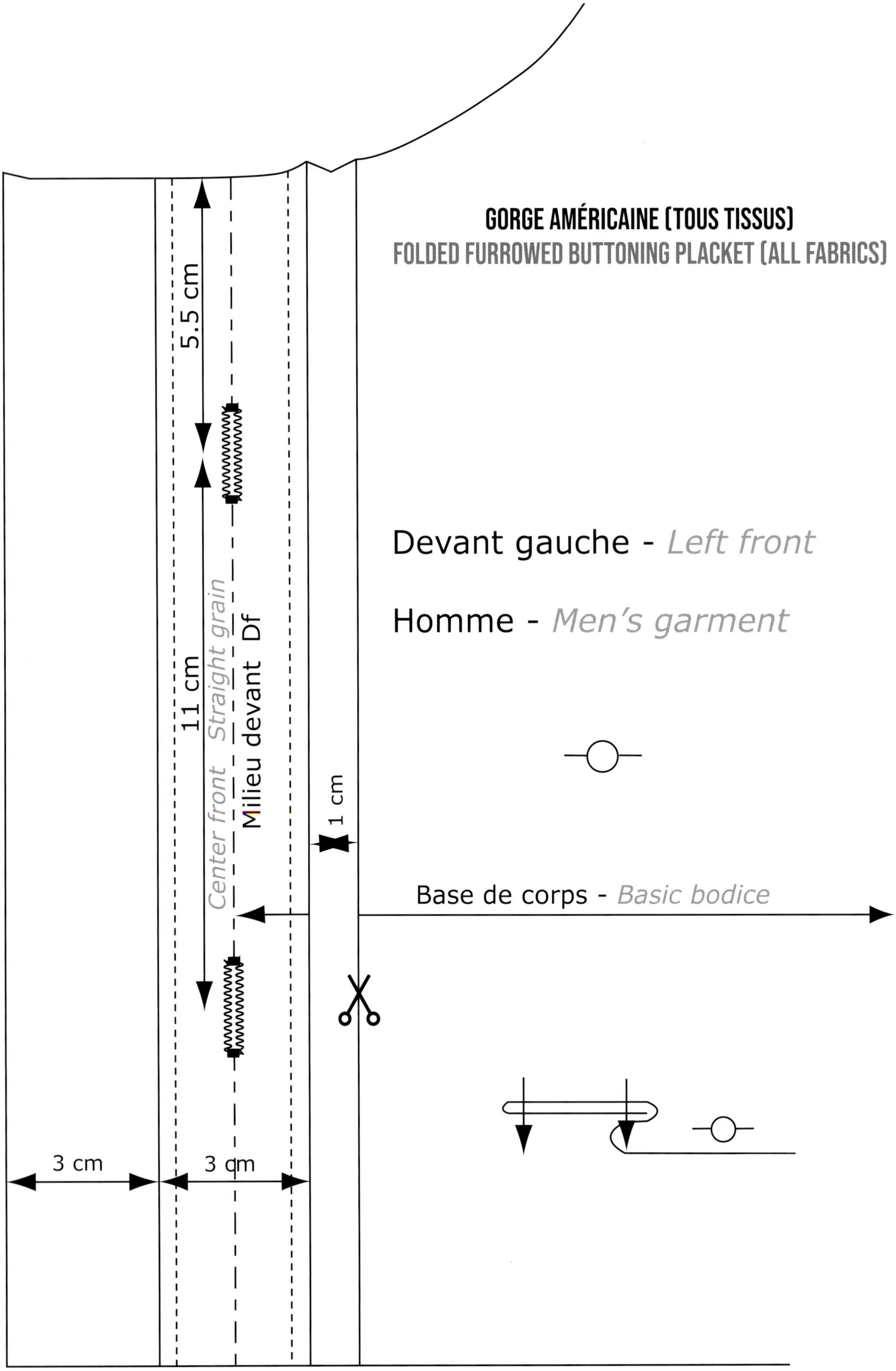

Devant gauche - *Left front*

Homme - *Men's garment*

Base de corps - *Basic bodice*

5.5 cm

11 cm — Center front *Straight grain* — Milieu devant Df

1 cm

3 cm

3 cm

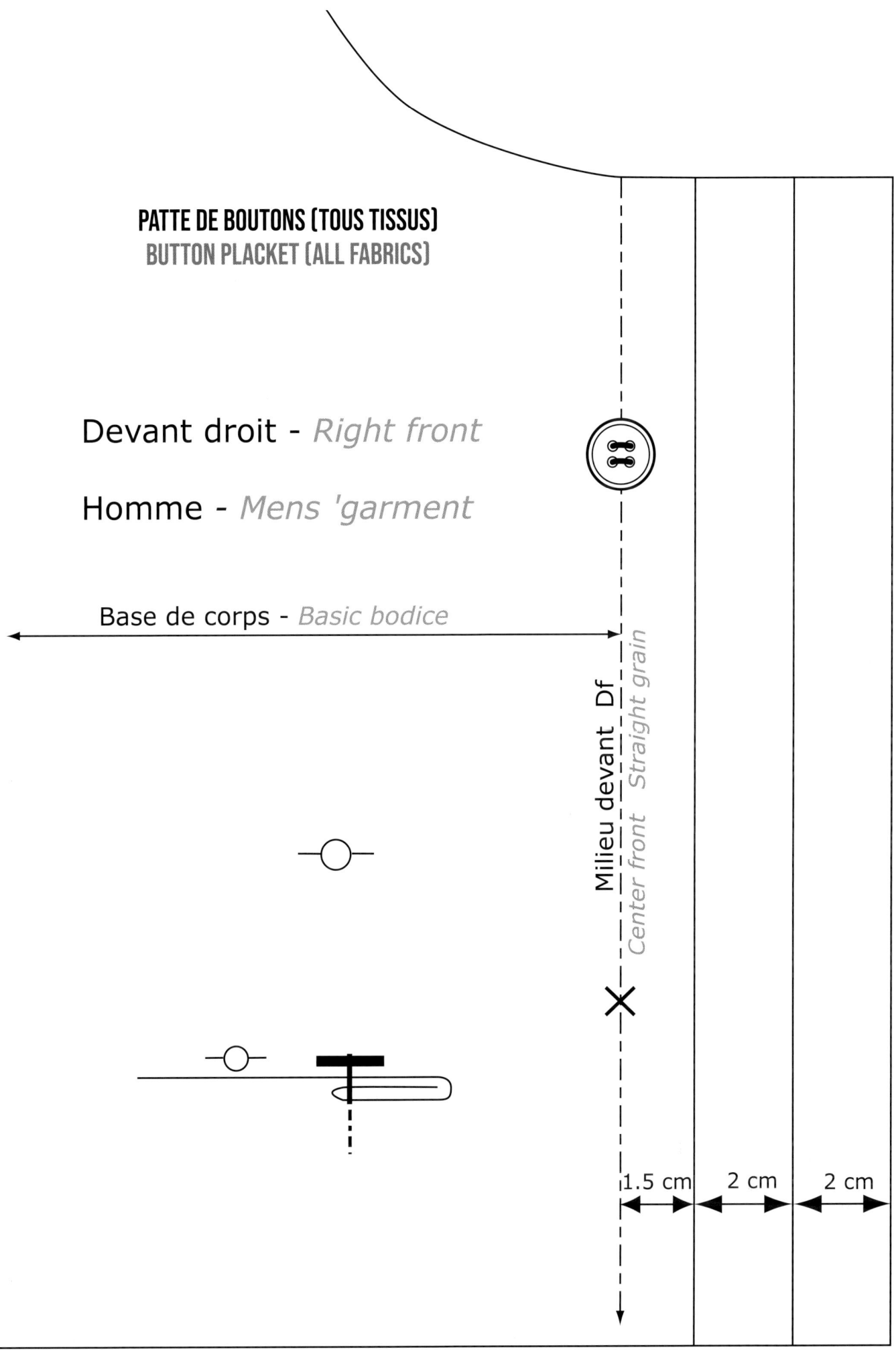

PATTE POLO AVEC PAREMENTURE (FINITION SURFIL)
POLO SHIRT TAB WITH FACING (OVERLOCK FINISHING)

ÉLÉMENTS NÉCESSAIRES
- 1 devant avec emplacement de patte polo.
- 1 patte polo avec parementure x 2.

NECESSARY ELEMENTS
- 1 front with marked polo tab slit.
- 1 polo shirt tab with facing x 2.

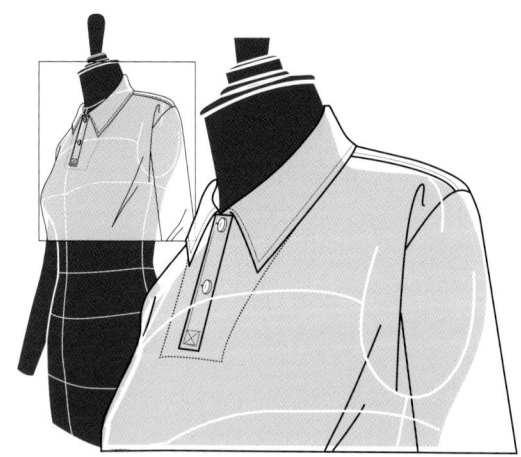

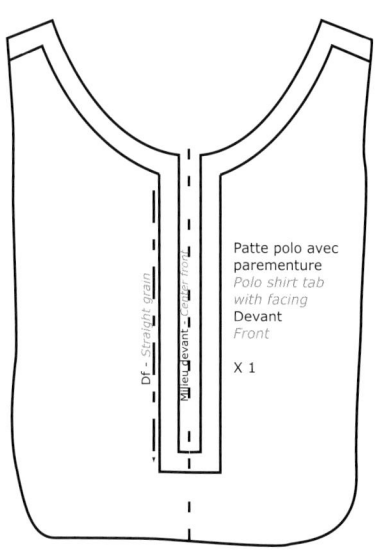

Patte polo avec parementure
Polo shirt tab with facing
Devant
Front
X 1

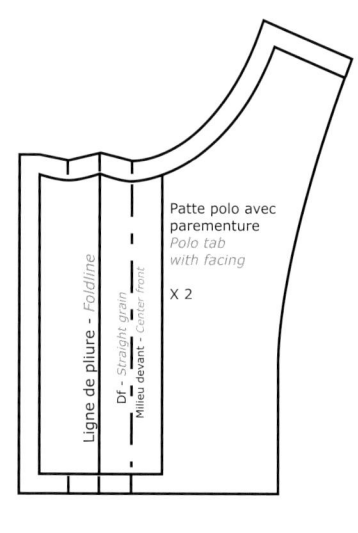

Patte polo avec parementure
Polo tab with facing
X 2

OPÉRATIONS PROCEDURES	SCHÉMAS DIAGRAMS
1 Positionner l'endroit d'une des pattes polo (contours extérieurs surfilés) sur l'endroit du devant au niveau de la ligne de fente. Piquer à 1 cm du haut de l'encolure en s'arrêtant avec un point d'arrêt à 1 cm de l'extrémité de la patte (A). Place the right side of one of the polo tabs (with overlocked edges) on to the right side of front along the marked slit. Stitch beginning at 1 cm from the neckline until 1 cm from the tab end. Backstitch at tab end (A).	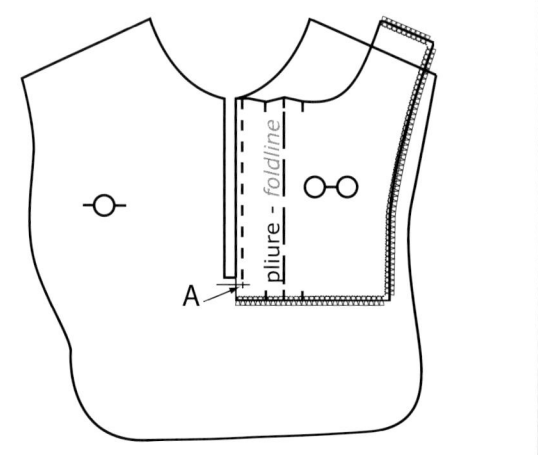

2	Plier ensuite la patte endroit contre endroit sur la ligne de pliure de celle-ci en suivant les crans et piquer à 1 cm la demie valeur de croisure du boutonnage. Cranter, retourner l'angle et repasser. With right sides together, fold tab along foldline (follow notches) and stitch half of the cross-over value at 1 cm from the edge. Clip, turn the angle and iron.	
3	Répéter les opérations 1 et 2 pour la seconde partie de patte polo. Repeat steps 1 and 2 for the second polo shirt tab.	
4	Retourner le vêtement sur l'envers. Cranter en capucin le couturage du vêtement en bas de patte en prenant garde de couper les deux angles de façon identique et sur le même niveau. Turn the garment to the wrong side. Clip seam allowance diagonally at the tab end. Be careful to cut at the same angle and on the same level.	

Élaborer les systèmes de fermeture • To elaborate closing systems

TOME 1

5	Retourner les deux parties de patte sur l'envers, en plaçant la partie droite sur la partie gauche. Coucher et repasser les couturages des pattes vers le vêtement. Vérifier la symétrie du crantage et les largeurs de pattes. Repasser les bords de patte. Turn both tabs on to the wrong side of garment, placing the right part over the left part. Fold the tab seam allowances towards the garment and iron. Verify the symmetry and width of tabs.	
6	Retourner le bas du vêtement pour faire passer le crantage en capucin du vêtement vers l'intérieur et piquer de A à B en prenant toutes les épaisseurs. Raise the lower part of garment and slide the pointed part (seam allowance) at slit end to the inside of garment. Stitch the layers together between A and B.	
7	Retourner la partie droite du vêtement et maintenir la parementure sur la patte par une piqûre dans le sillon de la première piqûre de montage. Turn the right part of garment and maintain the facing on the tab by stitching over the seamline.	
8	Répéter l'opération 7 pour la partie gauche de la patte. Le haut de la parementure sera pris dans le montage de l'épaule. Repeat Step 7 for the left tab. The upper part of the facing will be assembled into the shoulder seam.	
9	Repassage final. Final ironing.	

TRACÉ PATTE POLO AVEC PAREMENTURE
PATTERN FOR POLO SHIRT TAB WITH FACING

Patte polo avec parementure
Polo shirt tab with facing

Devant
Front

X 1

Df - *Straight grain*

Milieu devant - *Center front*

TOME 1

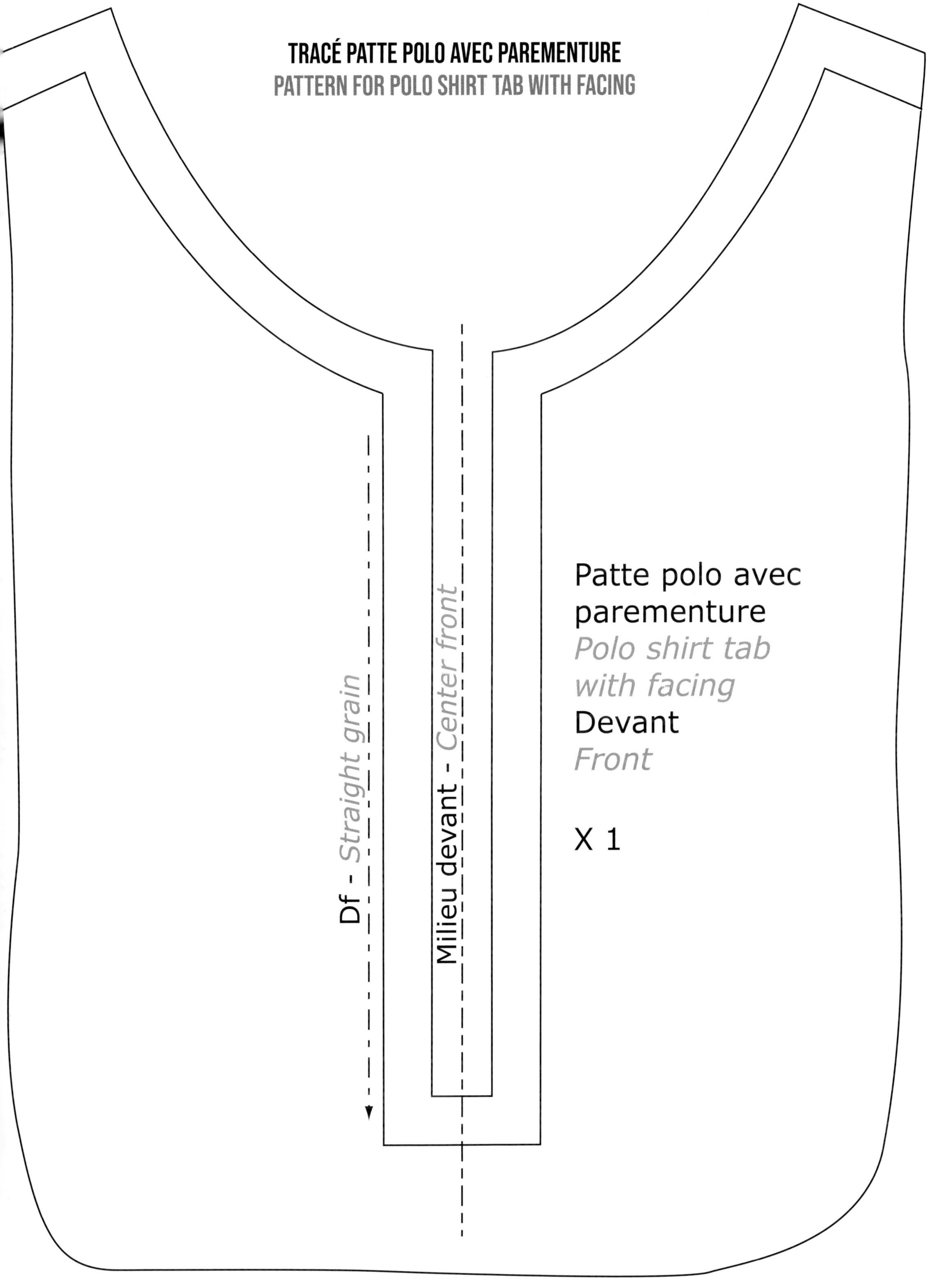

TRACÉ PATTE POLO AVEC PAREMENTURE
PATTERN FOR POLO SHIRT TAB WITH FACING

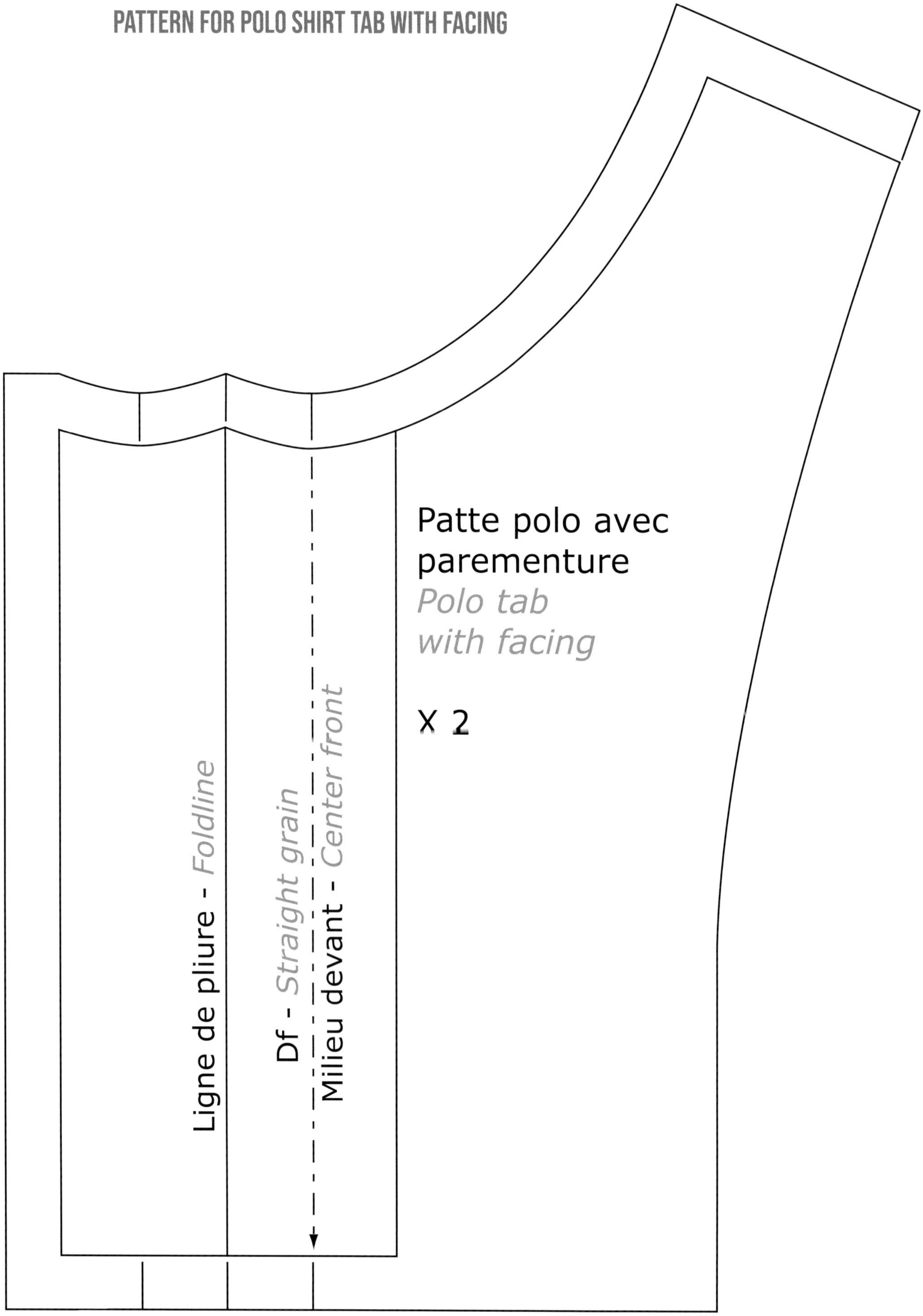

Patte polo avec parementure
Polo tab with facing

X 2

Ligne de pliure - *Foldline*

Df - *Straight grain*

Milieu devant - *Center front*

PATTE POLO (FEMME)
POLO SHIRT TAB (WOMEN'S GARMENTS)

ÉLÉMENTS NÉCESSAIRES
- 1 devant avec emplacement de patte polo.
- 1 patte polo droite.
- 1 patte polo gauche.

NECESSARY ELEMENTS
- 1 front with marked polo tab slit.
- 1 front tab.
- 1 left tab.

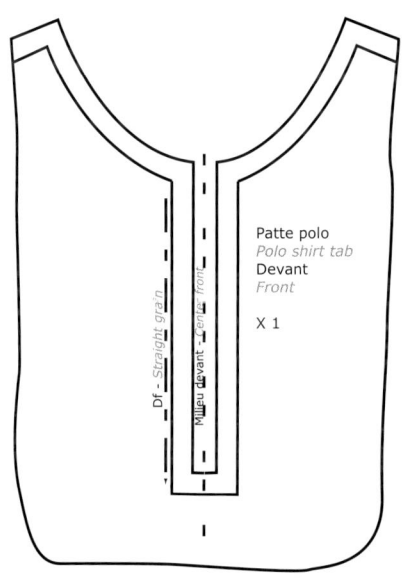

OPÉRATIONS PROCEDURES	SCHÉMAS DIAGRAMS
1. Positionner l'endroit des deux morceaux de la patte polo sur l'envers du devant au niveau de la ligne de fente. Piquer à 1 cm du haut de l'encolure en s'arrêtant avec un point d'arrêt à 1 cm de l'extrémité de la patte (A). Place the right side of both tabs on to the wrong side of the front along the marked slit. Stitch beginning at 1 cm from the neckline until 1 cm before the tab end. Backstitch at tab end (A).	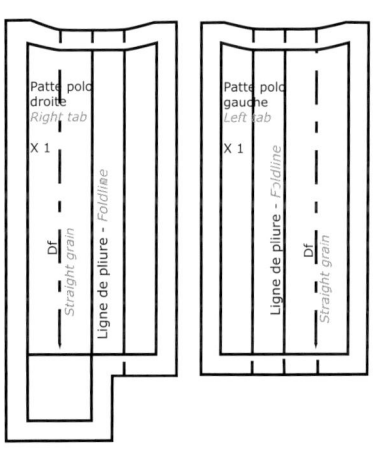

Élaborer les systèmes de fermeture • To elaborate closing systems

2	Plier ensuite chaque patte endroit contre endroit sur la ligne de pliure de celle-ci en suivant les crans et piquer à 1 cm la demie valeur de croisure du boutonnage. Cranter, retourner l'angle et repasser. With right sides together, fold each tab along foldline (follow notches) and stitch half of the cross-over value at 1 cm from the edge. Clip, turn the angle and iron.	
3	Cranter en capucin le couturage du vêtement en bas de patte en prenant garde de couper les deux angles de façon identique et sur le même niveau. Dégarnir les couturages du vêtement tout le long de la patte. Clip seam allowance diagonally at the tab end. Be careful to cut at the same angle and on the same level. Cut away the garment seam allowance value along the tab.	
4	Retourner les deux parties de patte sur l'endroit du vêtement. Déplier la partie droite (au porter) et positionner la partie gauche en suivant les crans de façon à obtenir la valeur de croisure. Vérifier la symétrie du crantage et la largeur de la patte gauche. Rentrer les valeurs de couturage sur l'intérieur et piquer nervure au bord de la patte sur l'endroit du vêtement (point d'arrêt à 1 cm au dessus de la fin de la patte). Turn both tabs on to the right side of garment. Unfold the right tab. Place the left tab in line with the notches in order to obtain the cross-over value. Verify the symmetry and width of left tab. Fold seam allowances to the inside. Sew a row of ribbed topstitching on right side of garment along tab edge (backstitch at 1 cm above tab end).	

5	Faire passer le crantage en capucin sur l'endroit du vêtement et piquer ce couturage de A à B avec le bas de la patte gauche. Slide the pointed part (seam allowance) on to the right side of garment and stitch the layers together between A and B.	
6	Plier sur l'envers le couturage de la patte droite ainsi que la forme de garniture. Puis plier le milieu de patte en positionnant la garniture par-dessus le montage de la patte gauche. On the right tab, fold the seam allowance on to the wrong side. Then fold along the center line on tab, placing it over the left tab.	
7	Piquer nervure au bord de la patte sur l'endroit du vêtement en suivant le schéma. On right side of garment, sew a row of ribbed topstitching along the tab edge (see diagram).	
8	Repassage final. Final ironing.	

Élaborer les systèmes de fermeture • To elaborate closing systems

TRACÉ PATTE POLO (FEMME)
POLO SHIRT TAB PATTERN (WOMEN'S GARMENTS)

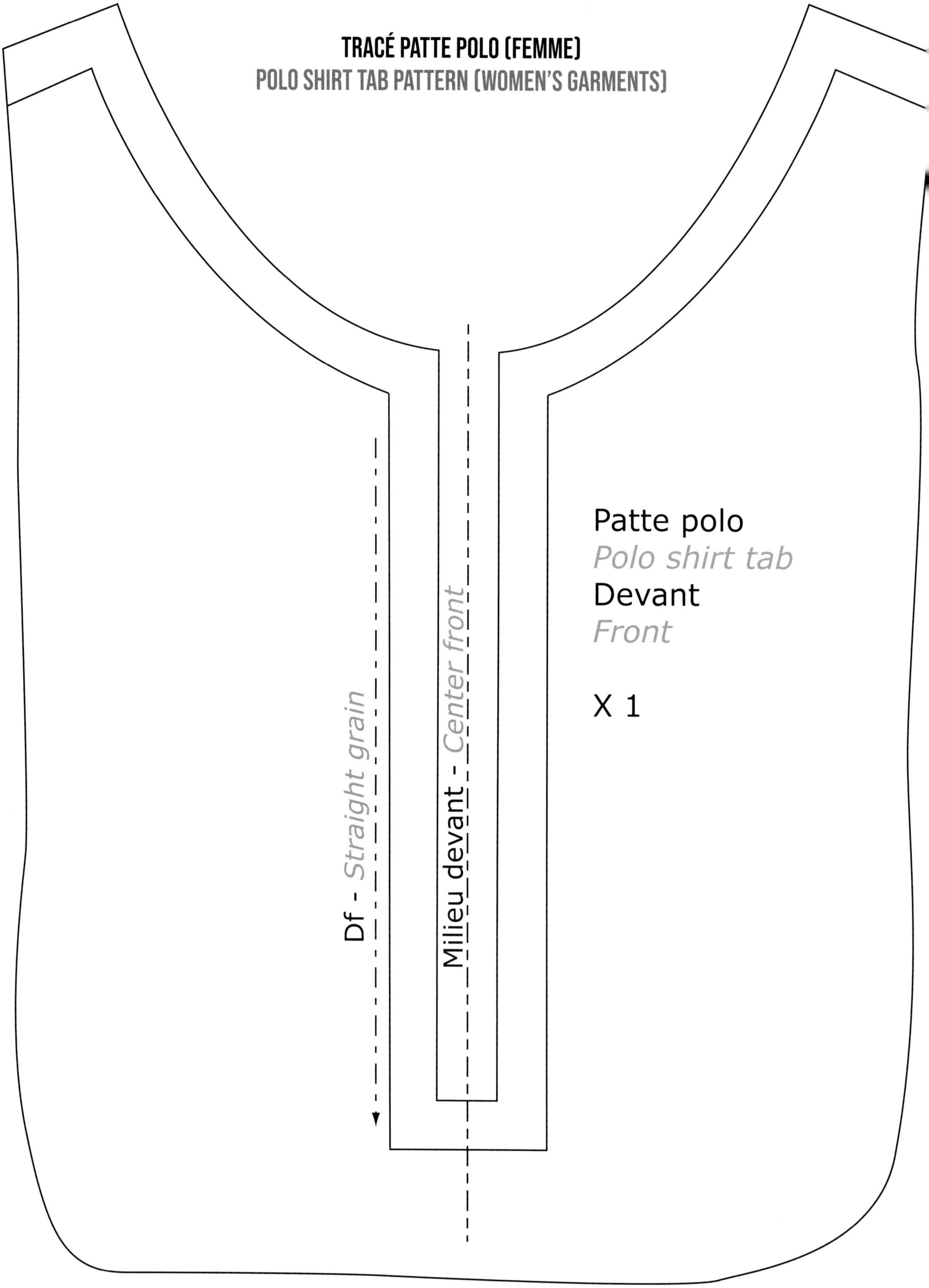

Patte polo
Polo shirt tab
Devant
Front

X 1

Df - *Straight grain*

Milieu devant - *Center front*

TRACÉ PATTE POLO (FEMME)
POLO SHIRT TAB PATTERN (WOMEN'S GARMENTS)

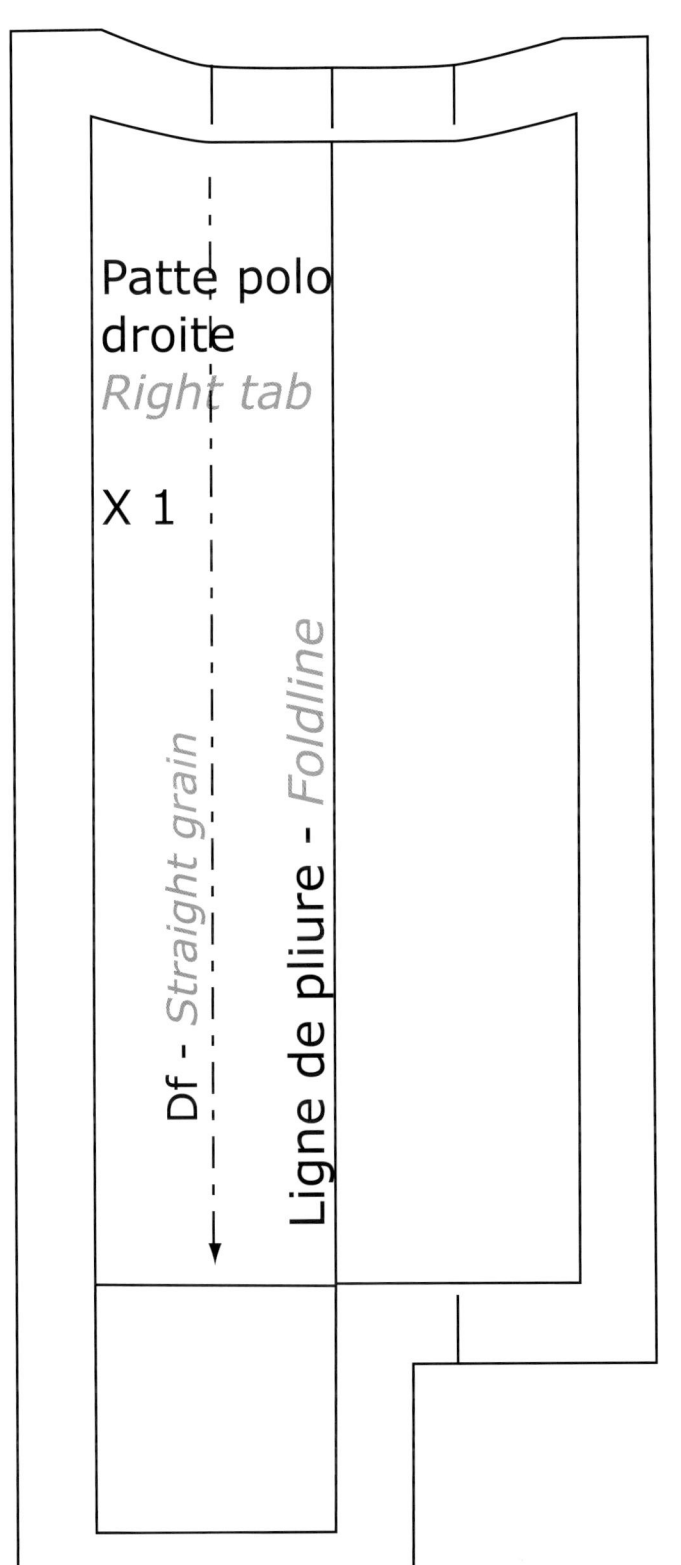
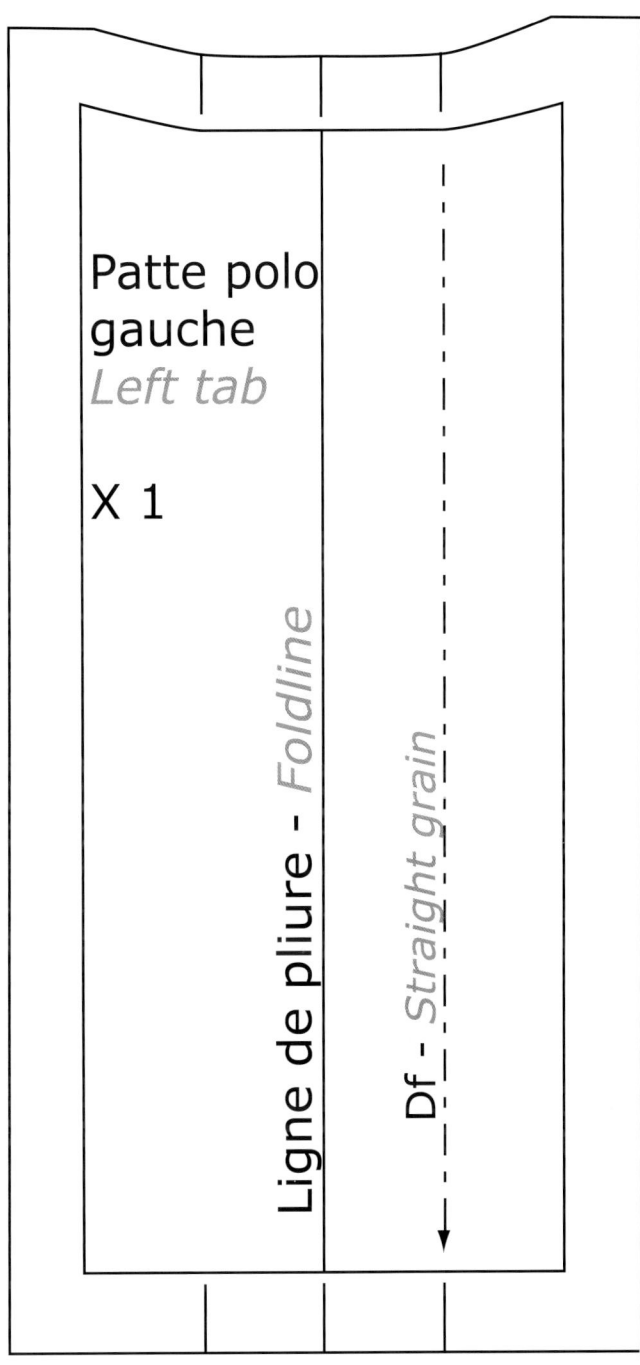

PATTE POLO (HOMME)
POLO SHIRT TAB (MEN'S GARMENTS)

ÉLÉMENTS NÉCESSAIRES
- 1 devant avec emplacement de patte polo.
- 1 patte polo gauche.
- 1 patte polo droite.

NECESSARY ELEMENTS
- 1 front with marked polo tab slit.
- 1 left tab.
- 1 right tab.

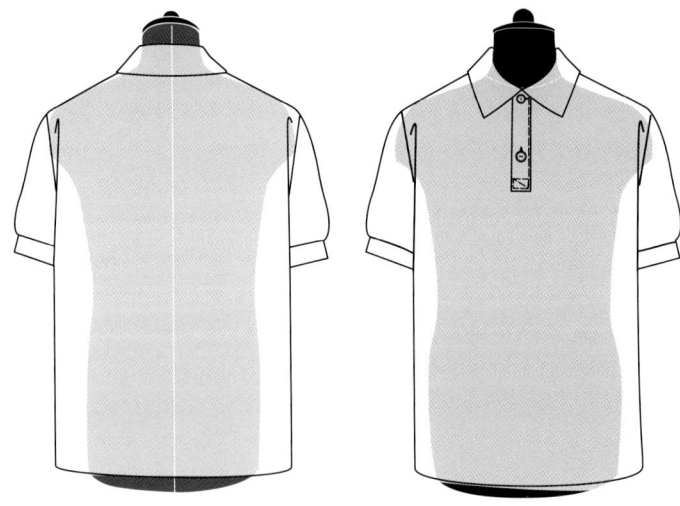

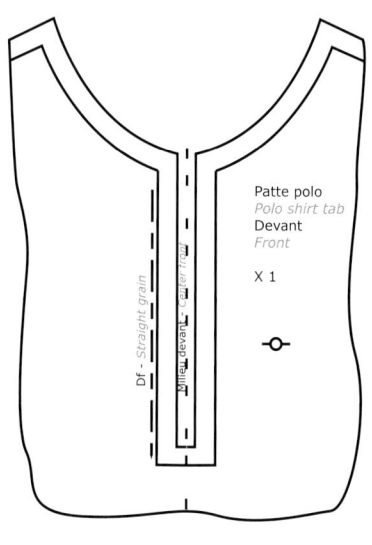

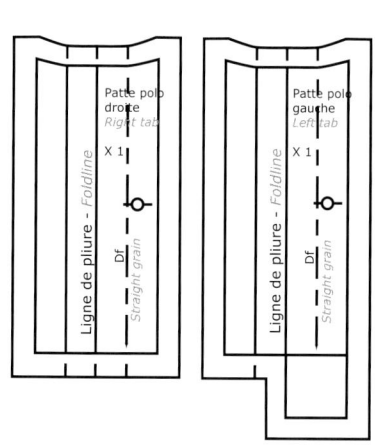

OPÉRATIONS PROCEDURES	SCHÉMAS DIAGRAMS
1	Positionner l'endroit des deux morceaux de la patte polo sur l'envers du devant au niveau de la ligne de fente. Piquer à 1 cm du haut de l'encolure en s'arrêtant avec un point d'arrêt à 1 cm de l'extrémité de la patte (A). Place the right side of both tabs on to the wrong side of the front along the marked slit. Stitch, beginning at 1 cm from the neckline until 1 cm before the tab end. Backstitch at tab end (A).	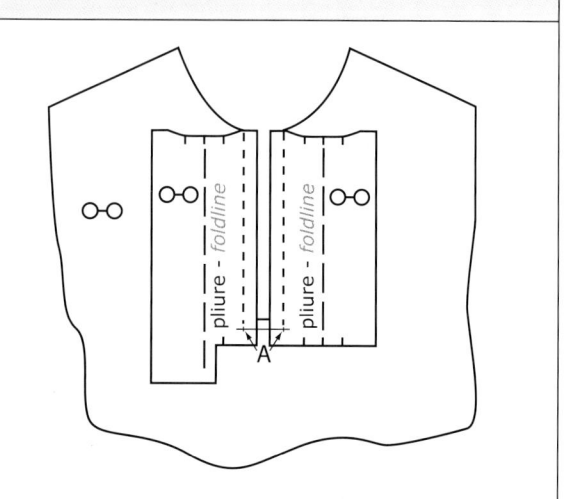

2	Plier ensuite chaque patte endroit contre endroit sur la ligne de pliure de celle-ci en suivant les crans et piquer à 1 cm la demie valeur de croisure du boutonnage. Cranter, retourner l'angle et repasser. With right sides together, fold each tab along foldline (follow notches) and stitch half of the cross-over value at 1 cm from the edge. Clip, turn the angle and iron.	
3	Cranter en capucin le couturage du vêtement en bas de patte en prenant garde de couper les deux angles de façon identique et sur le même niveau. Dégarnir les couturages du vêtement tout le long de la patte. Clip seam allowance diagonally at the tab end. Be careful to cut at the same angle and on the same level. Cut away the garment seam allowance value along the tab.	
4	Retourner les deux parties de patte sur l'endroit du vêtement. Déplier la partie gauche (au porter) et positionner la partie droite en suivant les crans de façon à obtenir la valeur de croisure. Vérifier la symétrie du crantage et la largeur de la patte droite. Rentrer les valeurs de couturage à l'intérieur et piquer nervure au bord de la patte sur l'endroit du vêtement (point d'arrêt à 1 cm au dessus de la fin de la patte). Turn both tabs on to the right side of garment. Unfold the left tab. Place the right tab in line with the notches in order to obtain the cross-over value. Verify the symmetry and the width of the right tab. Fold seam allowances to the inside. Sew a row of ribbed topstitching on right side of garment along tab edge (backstitch at 1 cm above tab end).	

5	Faire passer le crantage en capucin sur l'endroit du vêtement et piquer ce couturage de A à B avec le bas de la patte droite. Slide the pointed part (seam allowance) on to the right side of garment and stitch the layers together between A and B.
6	Plier sur l'envers le couturage de la patte gauche ainsi que la forme de garniture. Puis plier le milieu de patte en positionnant la garniture par-dessus le montage de la patte droite. On the left tab, fold the seam allowance on to the wrong side. Then fold along the center line on tab, placing it over the right tab.
7	Piquer nervure au bord de la patte sur l'endroit du vêtement en suivant le schéma. On right side of garment, sew a row of ribbed topstitching along the tab edge (see diagram).
8	Repassage final. Final ironing.

TRACÉ PATTE POLO (HOMME)
POLO SHIRT TAB PATTERN (MEN'S GARMENTS)

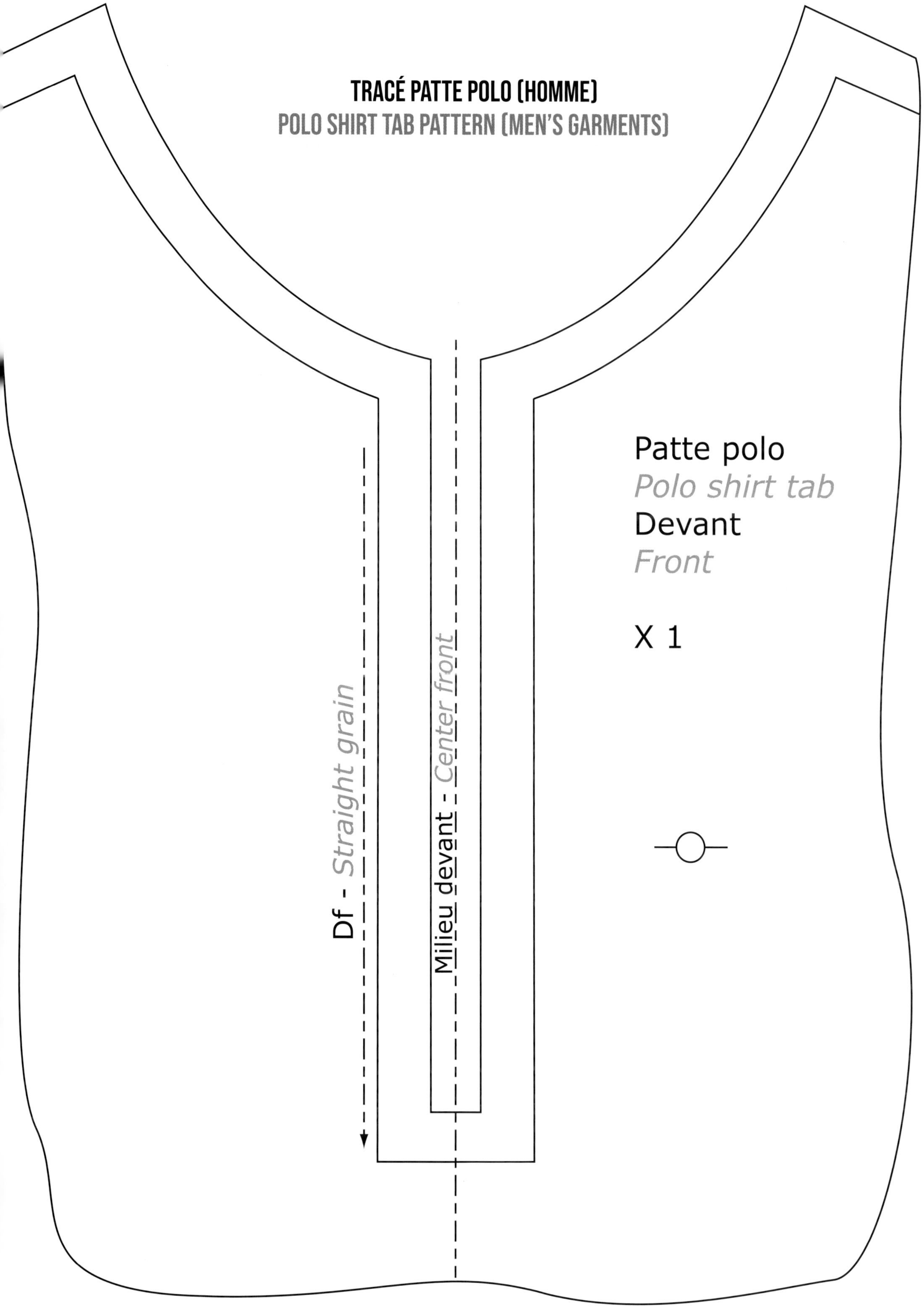

Patte polo
Polo shirt tab
Devant
Front

X 1

Df - *Straight grain*

Milieu devant - *Center front*

TRACÉ PATTE POLO (HOMME)
POLO SHIRT TAB PATTERN (MEN'S GARMENTS)

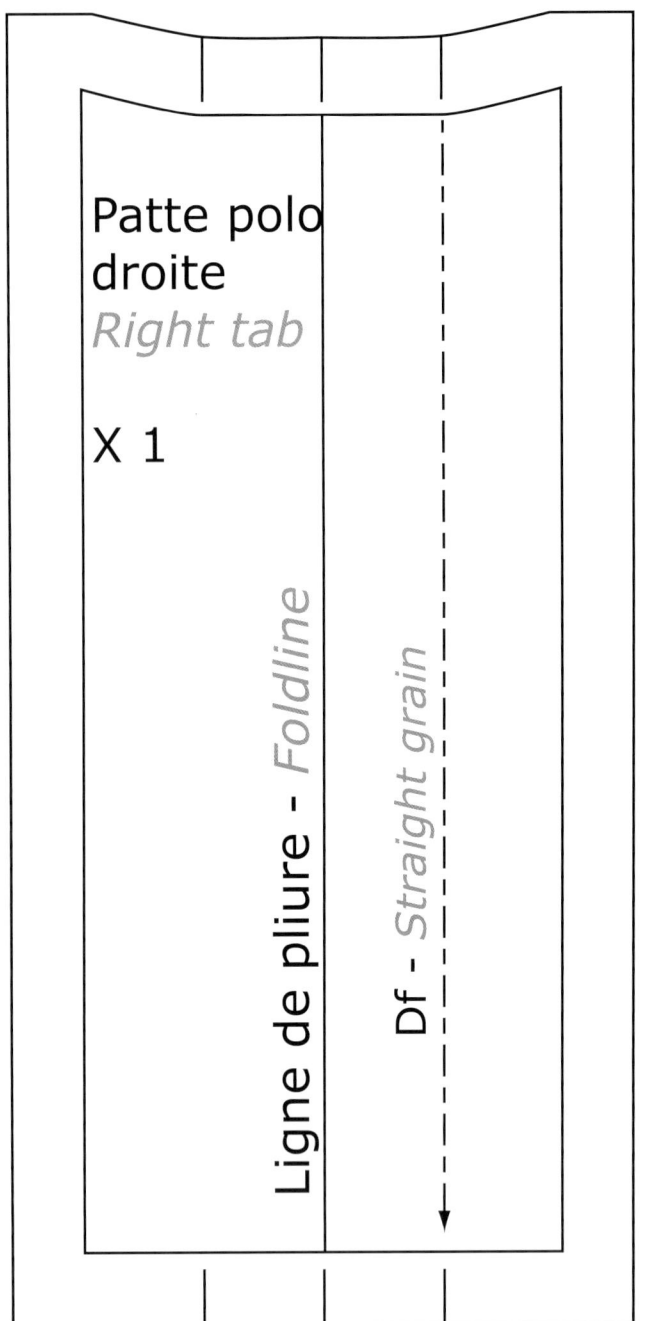
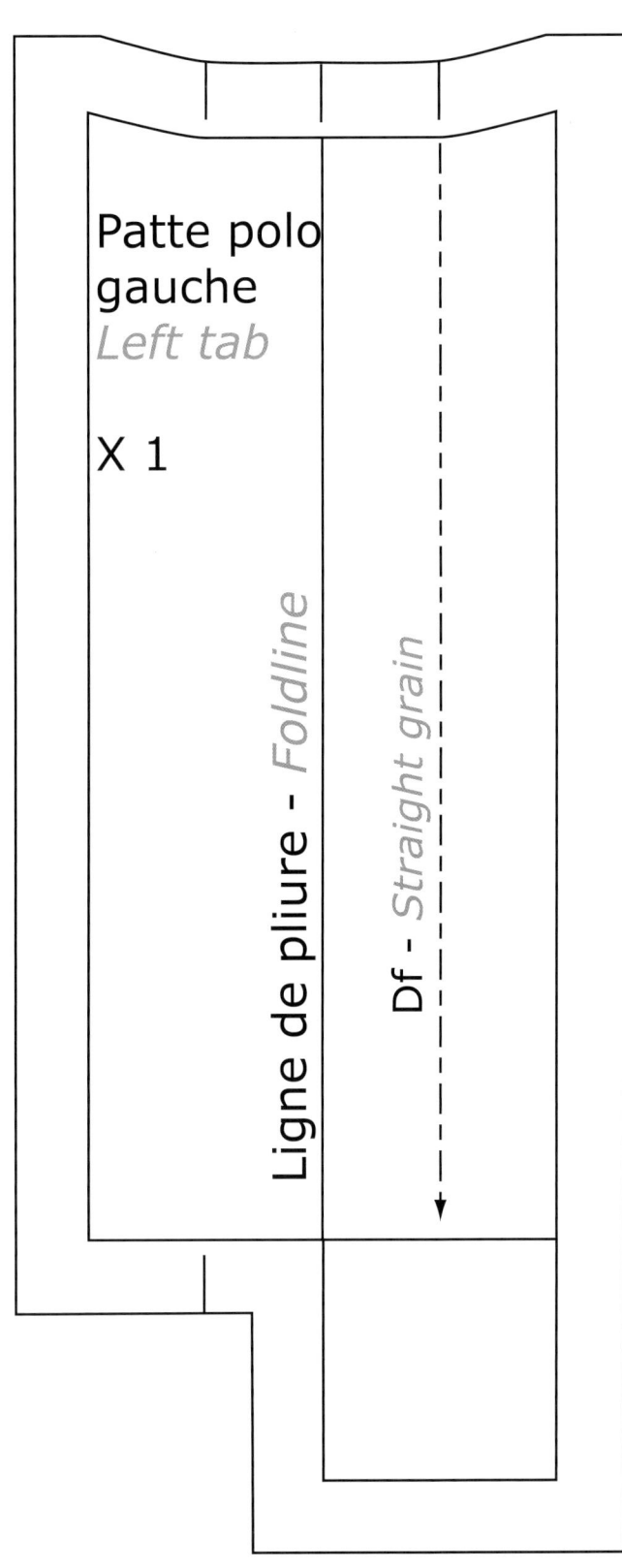

PATTE DE BOUTONNAGE D'ENTREJAMBE (LAYETTE)
INSEAM BUTTONING PLACKET (BABIES)

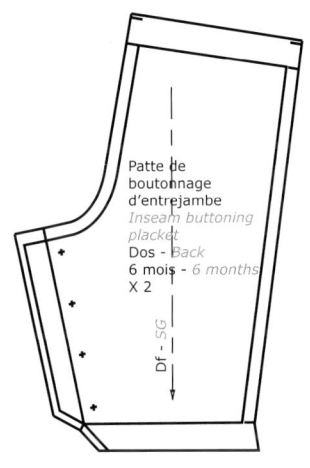
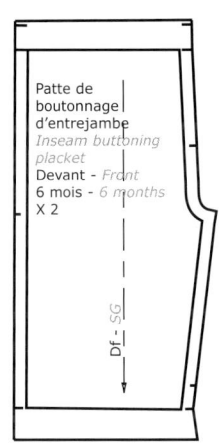

ÉLÉMENTS NÉCESSAIRES
- 2 devants de pantalon.
- 2 dos de pantalon.
- 1 patte de boutonnage devant.

NECESSARY ELEMENTS
- 2 trouser fronts.
- 2 trouser backs.
- 1 front buttoning placket.

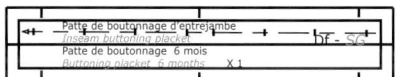

	OPÉRATIONS PROCEDURES	SCHÉMAS DIAGRAMS
1	Repasser le tissu avant de couper les pièces. Iron the fabric before cutting out the pieces.	
2	**DEVANT** Surfiler les deux couturages d'entrejambe séparément. Coulisser les deux enfourchures devant endroit contre endroit à 1 cm du bord. Repasser coutures ouvertes jusqu'au début de la courbe de l'entrejambe. **FRONT** Overlock the two front inseams (on seam allowance value) separately. With right sides together, assemble the two front crotch seams at 1 cm from the edge. Iron seams open until the inseam curve.	

Élaborer les systèmes de fermeture • To elaborate closing systems

3	**DOS** Surfiler les deux couturages d'entrejambe séparément. Coulisser les deux enfourchures dos endroit contre endroit à 1 cm du bord. Repasser coutures ouvertes jusqu'au début de la courbe de l'entrejambe. **BACK** Overlock the two back inseams (on seam allowance value) separately. With right sides together, assemble the two back crotch seams at 1 cm from the edge. Iron seams open until the inseam curve.	
4	Surfiler les couturages de côté séparément. Assembler les lignes de côté devant et dos à 1 cm endroit contre endroit. Repasser coutures ouvertes. Overlock the side seams separately. With right sides together, assemble the front and back side seams at 1 cm from the edge. Iron seams open.	
5	**DOS** Former l'onglet de propreté en piquant à 0.5 cm la forme du bas de pantalon endroit contre endroit jusqu' à 0.5 cm du bord (valeur de rentré de l'ourlet piqué). Repasser coutures ouvertes, cranter l'angle et retourner sur l'endroit. **BACK** With right sides together, prepare to miter angle at trouser hem. Stitch at 0.5 cm from the edge until 0.5 cm from the end (hem seam allowance value). Iron seams open, clip the angle, and turn to right side.	5 mm

6	Retourner la valeur de rentré sur l'ourlet et sur la propreté de l'entrejambe dos sur 0.5 cm. Repasser. Along inseam, turn and fold the hem width value over the 0.5 cm seam allowance. Iron.	
7	Piquer nervure à partir du bas de l'ourlet de l'entrejambe dos droit, en positionnant la valeur de l'ourlet de manière à la voir. Pivoter la piqûre nervure sur l'angle de l'onglet et remonter tout le long de l'entrejambe devant, pivoter à nouveau sur le deuxième angle d'onglet et revenir jusqu'au bas de l'ourlet de l'entrejambe dos gauche. Repasser. Sew a row of ribbed topstitching along the upper edge of the hem width, pivot at angle, continue to stitch along left back inseam, right back inseam, pivot at angle and finish hem. Iron.	
8	**DEVANT** Assembler l'endroit de la patte sur l'envers de l'entrejambe devant, de l'entrejambe droit à l'entrejambe gauche en laissant le cm de couturage de la largeur de part et d'autre de l'ourlet de jambe. Repasser, couturages vers la patte. **FRONT** Assemble the right side of the buttoning placket to the wrong side of front inseam. Stitch from the right inseam to the left inseam, leaving the seam allowance value (placket width) to extend beyond the leg hemline. Iron the seam allowance towards the placket.	

Élaborer les systèmes de fermeture • To elaborate closing systems

9	Retourner sur l'envers la valeur de couturage de la longueur restante (1), puis celles des deux largeurs en respectant les angles droits dans le pliage (2). Repasser. Fold the remaining seam allowance value towards the wrong side of buttoning placket (1). Then fold the lower edges of placket width maintaining right angles at the foldline (2). Iron.	
10	Replier vers l'endroit du vêtement la longueur de la patte de boutonnage, puis imbriquer le couturage plié de la largeur dans le montage de la patte sur l'entrejambe. Repasser et épingler. Fold the buttoning placket on to the right side of the garment by overlapping the seam allowance along the inseam. Iron and pin.	

11	Piquer nervure tout autour de la patte. Sew a row of ribbed topstitching all around the inseam buttoning placket.	
12	Broder les boutonnières sur l'entrejambe dos et poser les boutons correspondants sur la patte de boutonnage du devant. Make the buttonholes along the back inseam and sew the buttons on to the front buttoning placket.	Dos / Back Devant / Front
13	Repassage final. Final ironing.	

Élaborer les systèmes de fermeture • To elaborate closing systems

TRACÉ PATTE DE BOUTONNAGE D'ENTREJAMBE
OUTLINE FOR INSEAM BUTTONING PLACKET

Patte de boutonnage d'entrejambe
Inseam buttoning placket
Df - *SG*

Patte de boutonnage 6 mois
Buttoning placket 6 months X 1

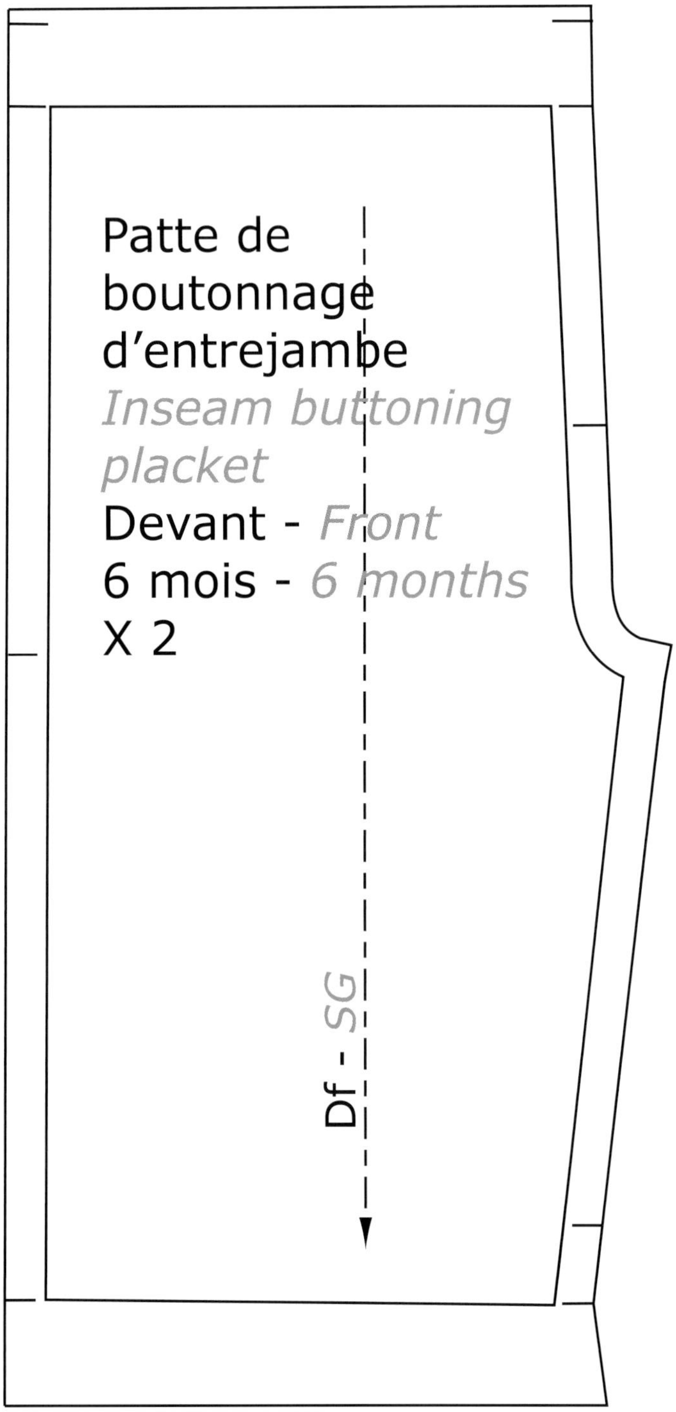

Patte de boutonnage d'entrejambe
Inseam buttoning placket
Devant - *Front*
6 mois - *6 months*
X 2

Df - *SG*

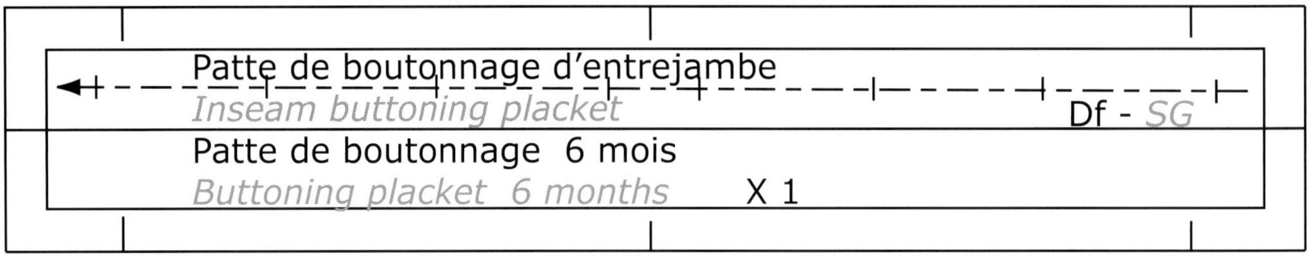

Echelle - *Scale* 1/2

TRACÉ PATTE DE BOUTONNAGE D'ENTREJAMBE
OUTLINE FOR INSEAM BUTTONING PLACKET

Echelle - *Scale* 1/2

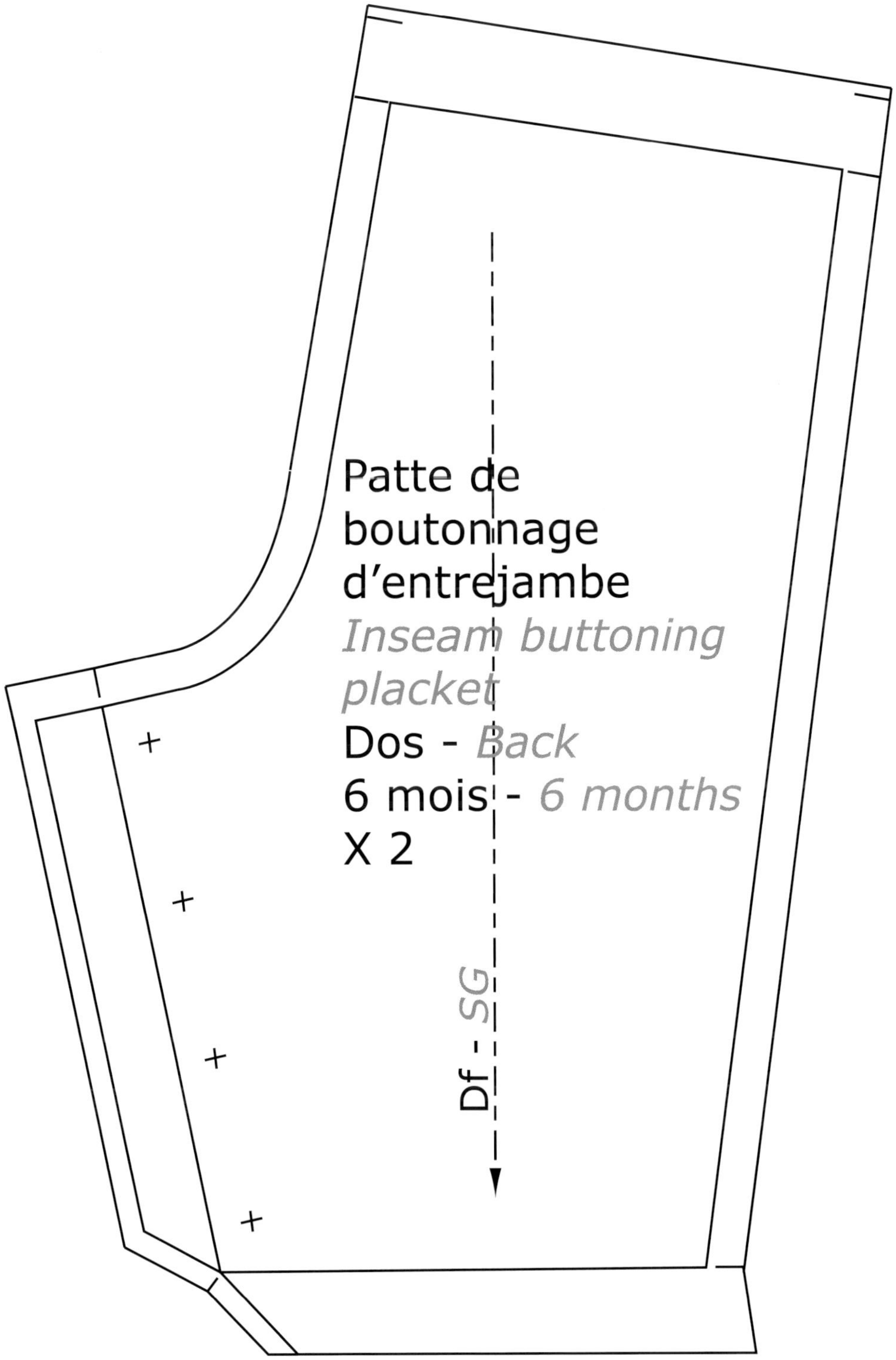

Patte de boutonnage d'entrejambe
Inseam buttoning placket
Dos - *Back*
6 mois - *6 months*
X 2

Df - *SG*

PONT ET BOUTONNAGE MILIEU DOS DE DORS-BIEN
SLEEPSUIT CENTER BACK BUTTONING PLACKET

ÉLÉMENTS NÉCESSAIRES
- 1 devant de dors-bien.
- 2 corsage dos de dors-bien.
- 1 jambe dos de dors-bien.

NECESSARY ELEMENTS
- 1 sleepsuit front.
- 2 sleepsuit back bodices.
- 1 sleepsuit back leg.

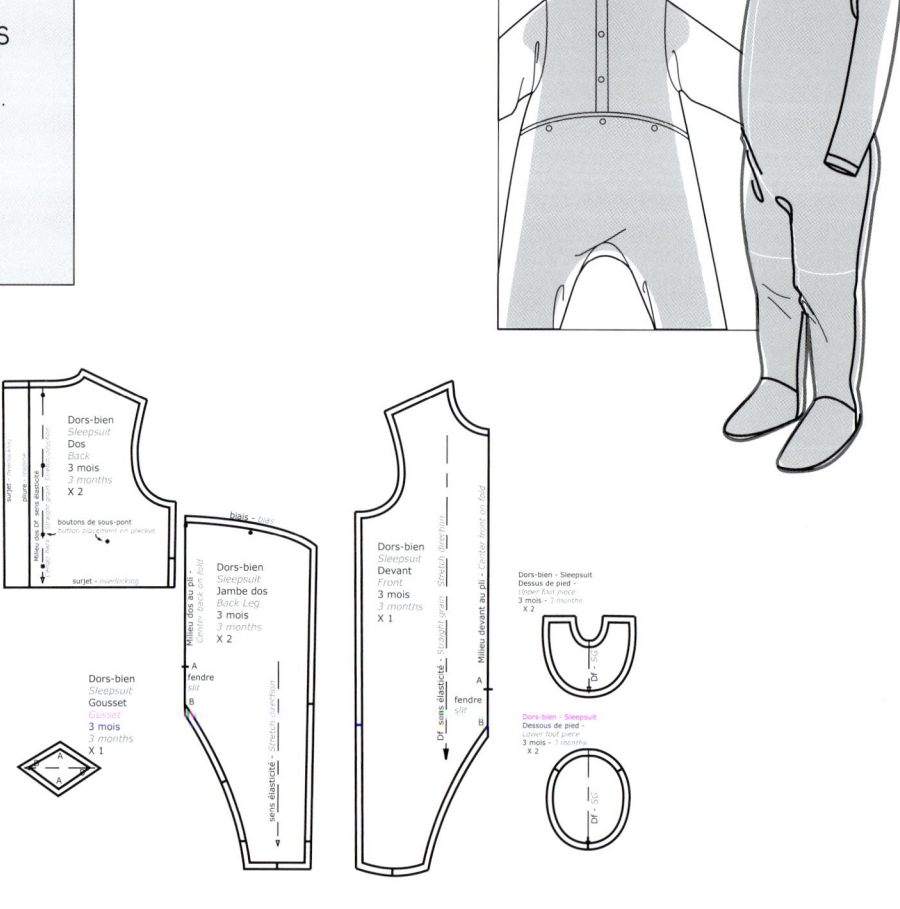

Le dors-bien étant réalisé dans des matières extensibles, ce montage se fait à la surfileuse ou surjeteuse-raseuse. Les couturages sont donc tous de 0.5 cm.

Sleepsuits are made in stretch fabrics. They are assembled with an overlock/cutting machine and have a 0.5 cm seam allowance value.

	OPÉRATIONS PROCEDURES	SCHÉMAS DIAGRAMS
1	Surjeter le bord de croisure de chaque corsage dos sur toute leur longueur ainsi que leur largeur. Overlock along the cross-over edge as well as along the width of each back bodice piece.	

2	Plier la valeur de croisure milieu dos sur l'envers du vêtement, piquer nervure à points agrandis sur toute la longueur à l'emplacement du surjet en laissant l'envers du travail face à vous. Fold the cross-over value at center back towards the wrong side of garment. Maintaining the garment on the wrong side and using a long stitch length, topstitch over the overlocking.	
3	Poser des petites pressions très plates qui ne blesseront pas le bébé sur le milieu dos. Place small, flat, hammer-on snaps on the center back line. Choose snaps specifically for babies' sleepwear.	
4	Poser un biais à cheval sur le bord de la jambe dos (AB). Voir POSE DE BIAIS. Stitch a bias tape along the edge of the back leg (AB). See BIAS TAPE ASSEMBLY.	
5	Associer le devant au dos par les lignes de côté en insérant la jambe dos entre le devant et le corsage dos. Ce montage se fait à la surjeteuse-raseuse en prenant les trois épaisseurs en même temps. À noter : procéder auparavant au montage du dessous de pied pour reconstituer la longueur de jambe du devant (voir p. 100). Assemble the front to the back at side seams by inserting the back leg between the front and the back bodice. The three layers are assembled using an overlock machine. Note: preceding this step, complete the assembly procedures for the foot piece in order to obtain the entire inseam length (see p.100).	

Élaborer les systèmes de fermeture • To elaborate closing systems

6	Placer les pressions sur le haut de la jambe dos en correspondance avec le corsage dos. Place the snaps along the upper part of the back leg corresponding to the back bodice.	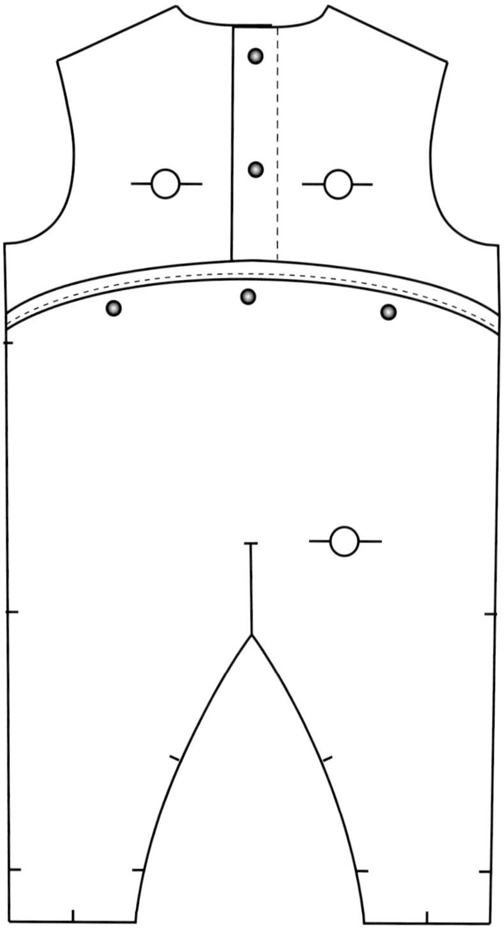
7	Ne pas repasser (sauf le biais, s'il est réalisé en chaîne et trame). Do not iron (iron the bias tape, only if it is a woven tape).	

TRACÉ DORS-BIEN
OUTLINE FOR SLEEPSUIT

PONT ET BOUTONNAGE MILIEU DOS
CENTER BACK WITH BUTTONING PLACKET

INSERTION DE GOUSSET D'ENTREJAMBE
INSET GUSSET

DESSOUS DE PIED
LOWER FOOT PIECE

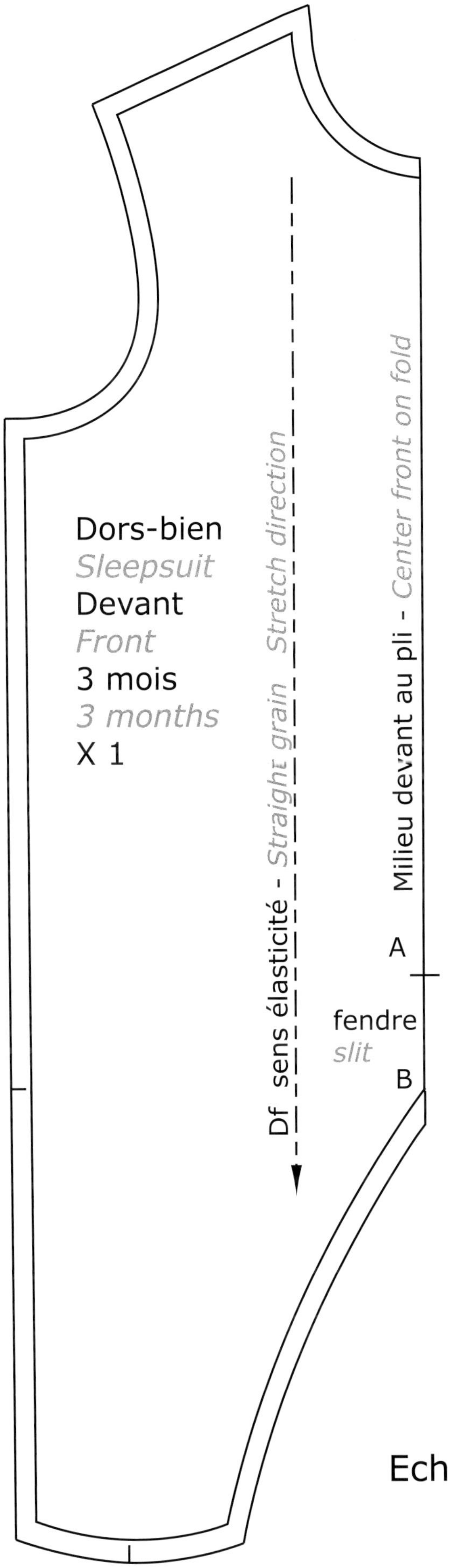

Dors-bien
Sleepsuit
Devant
Front
3 mois
3 months
X 1

Df sens élasticité - *Straight grain Stretch direction*

Milieu devant au pli - *Center front on fold*

A

fendre
slit

B

Dors-bien
Sleepsuit
Gousset
Gusset
3 mois
3 months
X 1

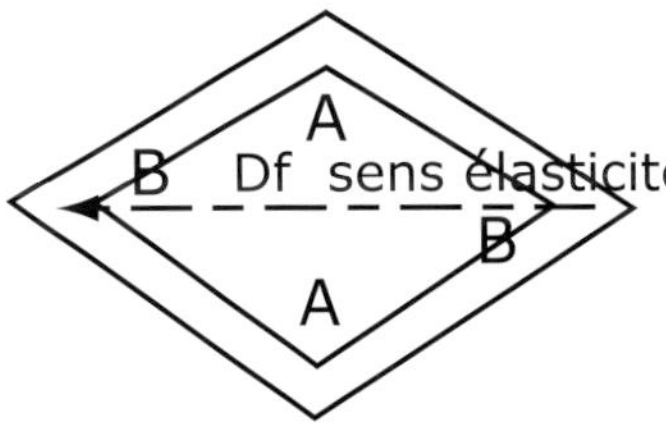

Df sens élasticité - *SG Stretch direction*

Echelle - *Scale* 1/2

TOME 1

TRACÉ DORS-BIEN
OUTLINE FOR SLEEPSUIT

PONT ET BOUTONNAGE MILIEU DOS
CENTER BACK WITH BUTTONING PLACKET

INSERTION DE GOUSSET D'ENTREJAMBE
INSET GUSSET

DESSOUS DE PIED
LOWER FOOT PIECE

Echelle - *Scale 1/2*

INSERTION D'UN GOUSSET D'ENTREJAMBE DE DORS-BIEN
SLEEPSUIT GUSSET INSERTION

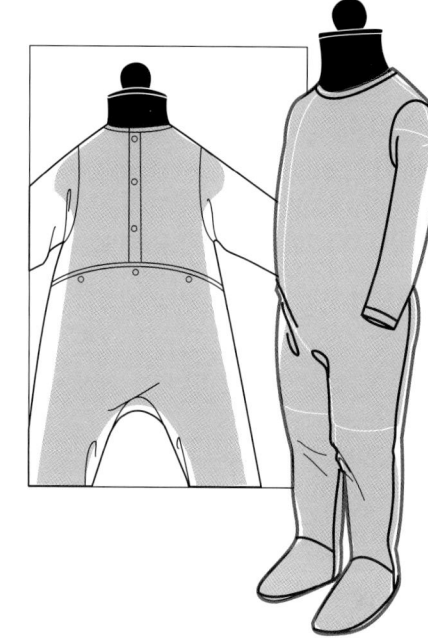

ÉLÉMENTS NÉCESSAIRES
- 1 devant de dors-bien.
- 1 jambe dos de dors-bien.
- 1 gousset d'entrejambe.

NECESSARY ELEMENTS
- 1 sleepsuit front.
- 1 sleepsuit back leg.
- 1 gusset.

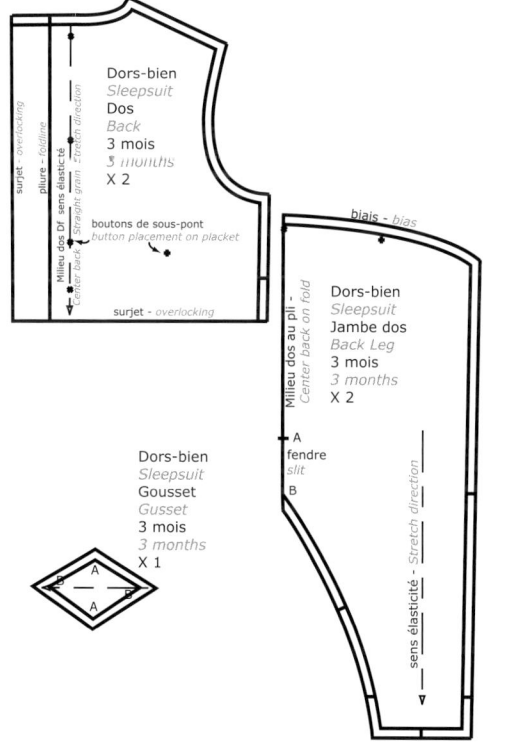
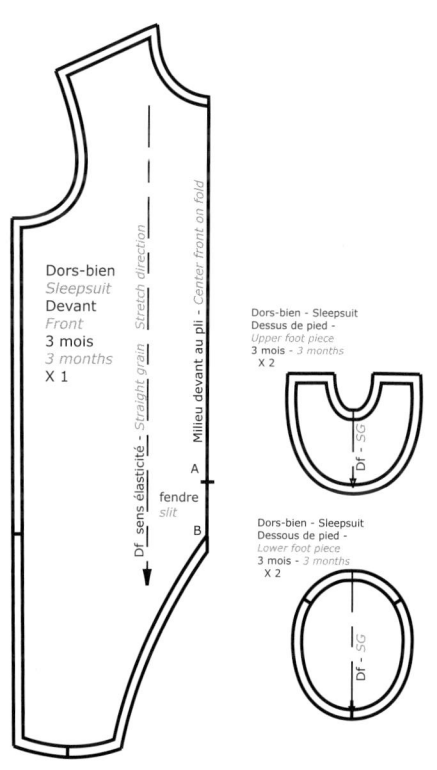

Cette incrustation de gousset peut se retrouver dans de nombreux modèles à des emplacements différents, notamment en dessous de manches dans des kimonos ou dans des manches gaine.
Le dors-bien étant réalisé dans des matières extensibles, ce montage se fait à la surfileuse ou surjeteuse-raseuse. Les couturages sont donc tous de 0.5 cm.

An inset gusset can be used for numerous garments in various areas. Ex: the under sleeve on a kimono sleeve or for glove sleeves.
Sleepsuits are made in stretch fabrics. They are assembled with an overlock/cutting machine and have a 0.5 cm seam allowance value.

Élaborer les systèmes de fermeture • To elaborate closing systems

TOME 1

Élaborer les systèmes de fermeture • To elaborate closing systems

	OPÉRATIONS PROCEDURES	SCHÉMAS DIAGRAMS
1	Fendre le devant et la jambe dos sur la valeur prévue à cet effet (Point A). Slit the front and the back leg pieces along the line indicated (Point A).	
2	Réaliser d'abord la première étape du montage de dessous de pied pour reconstituer la longueur d'entrejambe entière (voir p.100). Complete the assembly procedures for the foot piece in order to obtain the entire inseam length (see p.100).	DESSOUS DE PIED DE DORS-BIEN SLEEPSUIT FOOT PIECE
3	Assembler le gousset endroit contre endroit sur la fente de la jambe dos en respectant le sens du gousset. Attention ! La longueur du losange du gousset correspond à la hauteur aller-retour de la fente d'entrejambe. With right sides together, assemble the gusset to the back leg slit following the gusset stretch direction. Note: the gusset length corresponds to both sides of the crotch slit length.	

4	Attention ! Cette dernière opération ne peut se réaliser qu'après l'opération 1 du MONTAGE de DESSOUS DE PIED. Assembler ensuite endroit contre endroit les lignes d'entrejambe devant et dos en commençant du bas de la jambe gauche jusqu'au bas de la jambe droite, en incrustant au passage la deuxième partie du gousset sur la fente devant (A sur A, B sur B, etc.). Retourner. Note: procedure n°4 can be completed only after the SLEEPSUIT FOOT PIECE ASSEMBLY procedure (n° 1) has been completed. With right sides together, assemble the front and back inseams from the lower left leg to the lower right leg by stitching the second part of the gusset to the front slit (matching A to A, B to B, etc.). Turn to right side of garment.	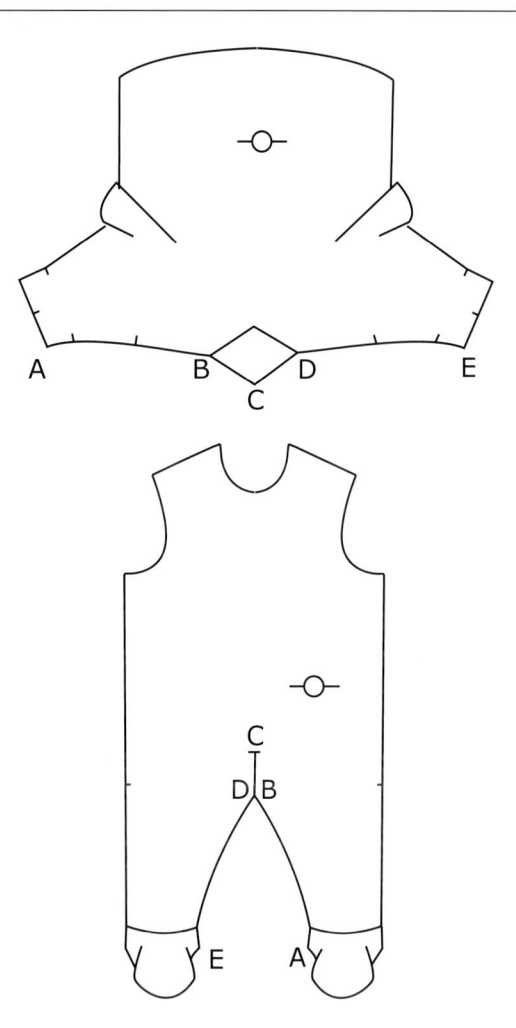
5	Ne pas repasser. Do not iron.	

DESSOUS DE PIED DE DORS-BIEN
SLEEPSUIT FOOT PIECE

ÉLÉMENTS NÉCESSAIRES
- 1 devant de dors-bien.
- 2 corsage dos de dors-bien.
- 1 jambe dos de dors-bien.
- 2 dessus de pied.
- 2 dessous de pied.

NECESSARY ELEMENTS
- 1 sleepsuit front.
- 2 sleepsuit back bodices.
- 1 sleepsuit leg.
- 2 upper foot pieces.
- 2 lower foot pieces.

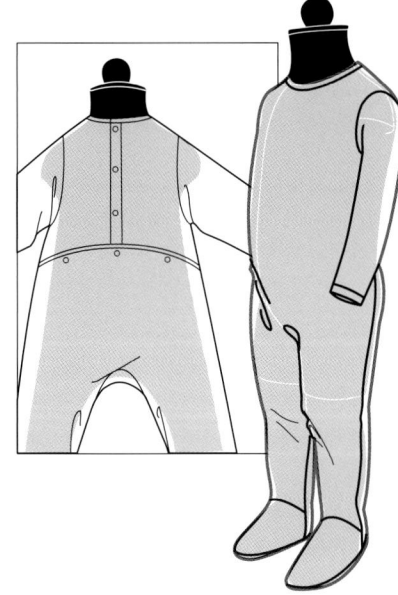

Le dors-bien étant réalisé dans des matières extensibles, ce montage se fait à la surfileuse ou surjeteuse-raseuse. Les couturages sont donc tous de 0.5 cm.

Sleepsuits are made in stretch fabrics. They are assembled with an overlock/cutting machine and have a 0.5 cm seam allowance value.

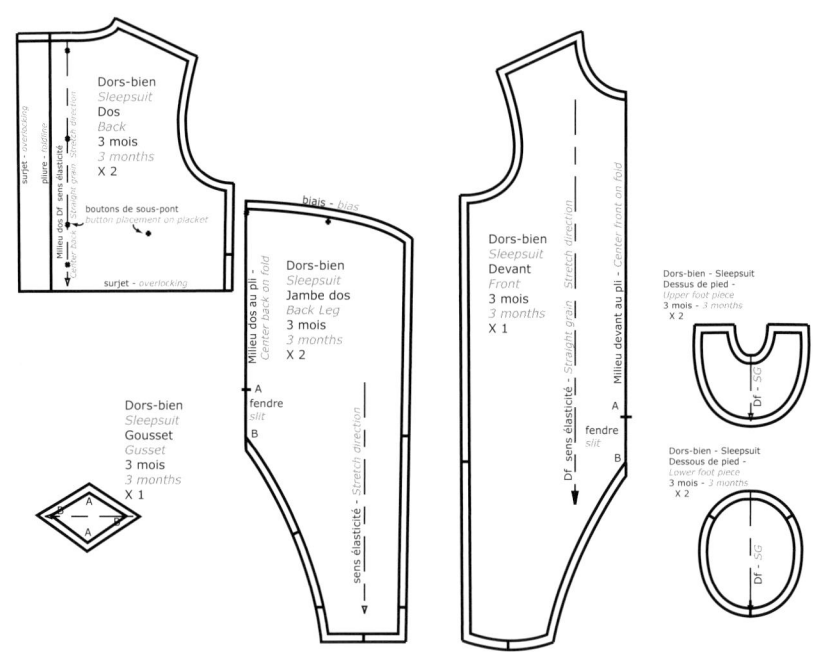

	OPÉRATIONS PROCEDURES	SCHÉMAS DIAGRAMS
1	Assembler endroit contre endroit le bas de la jambe devant sur l'arrondi du dessus de pied. À noter : la couture étant faite à la surjeteuse-raseuse, elle ne sollicite pas de repassage. With right sides together, assemble the lower part of the front sleepsuit leg to inner curve of the upper foot piece. Note: as the seam is assembled with an overlock machine, ironing not necessary.	

2	Assembler endroit contre endroit les lignes de côté devant et dos ainsi que les lignes d'entrejambe. À noter : à cette étape, les opérations 2 à 5 de l'insertion du gousset d'entrejambe doivent être réalisées (voir p. 98). With right sides together, assemble the front and back side seams and inseams. Note: at this step, follow procedures 2 to 5 for the gusset assembly (see p. 98).	
3	Placer le dessous de pied sur la circonférence obtenue dans les opérations précédentes et l'épingler endroit contre endroit en respectant le sens des formes à associer (milieu devant du dessous de pied avec milieu devant du dessus ; milieu dos de jambe dos avec milieu dos de dessous de pied). With right sides together, place the lower foot piece on to the circumference obtained on the lower part of sleepsuit leg. Match notches: the center front of lower foot piece to the center front of upper foot piece and the center back of sleepsuit leg to the center back of the lower foot piece.	
4	Placer cette circonférence sous le pied de biche de la machine et assembler en ôtant les épingles au fur et à mesure avant le passage des couteaux car les épingles endommageraient votre machine. Ou Bâtir le tour de dessous de pied et assembler à la surfileuse-raseuse. Place this circumference under the machine foot and assemble. Remove the pins while sewing in order to avoid damaging the machine's blade. Or Hand-baste around the lower foot piece and assemble using the overlock machine.	
5	Retourner la jambe. Ne pas repasser. Turn the sleepsuit to the right side. Do not iron.	

Élaborer les systèmes de fermeture • To elaborate closing systems

FENTE INDÉCHIRABLE
TEARPROOF TAB

ÉLÉMENTS NÉCESSAIRES
- 1 manche avec emplacement de fente.
- 1 patte de propreté.

NECESSARY ELEMENTS
- 1 sleeve with marked slit.
- 1 strip of fabric for tab (facing).

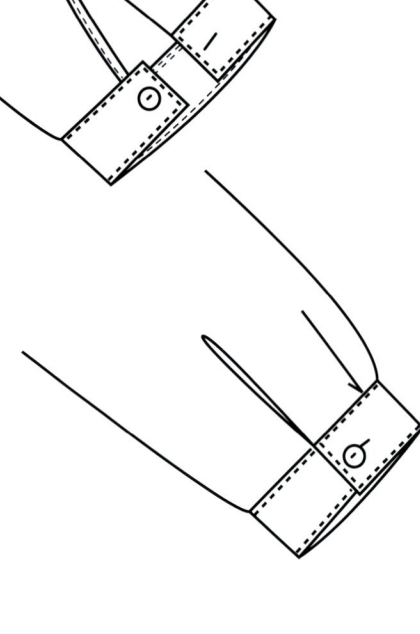

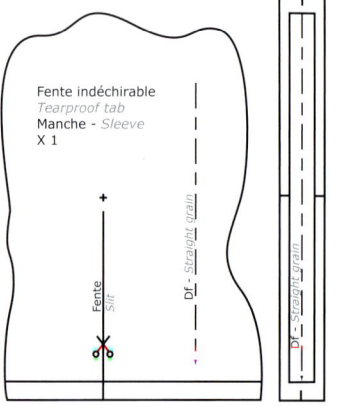
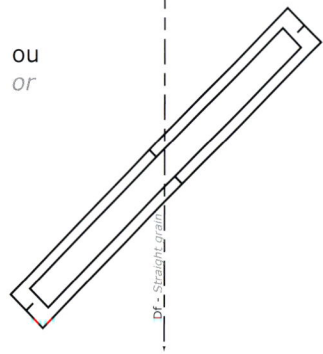

ou
or

La propreté de fente indéchirable peut être coupé dans le biais.

The tearproof tab facing can be cut on bias.

OPÉRATIONS PROCEDURES	SCHÉMAS DIAGRAMS
1. Fendre la manche sur la hauteur de fente prévue pour le modèle. Cut the sleeve along the marked slit according to the garment style and design.	

Élaborer les systèmes de fermeture • To elaborate closing systems

2	Positionner l'endroit de la patte de propreté sur l'envers de la manche au niveau de la ligne de fente coupée et ouverte. Piquer à 5 mm en faisant le tour de la fente (2 mm) et en décalant légèrement le haut de la fente. Place the right side of the tab facing on to the wrong side of the sleeve along the open slit line. Stitch at 5 mm from the edge shifting slightly at the top of the slit.	5 mm 5 mm
3	Retourner sur l'envers la valeur de couturage de la patte (0.5 cm) puis plier en deux sur l'endroit, surpiquer nervure tout autour de la fente. Turn back the seam allowance of the tab (0.5 cm) to wrong side then fold the tab to right side of fabric. Sew a row of ribbed topstitching all around the slit.	
4	Assembler l'extrémité de la patte pliée par un point d'arrêt de façon à contraindre celle-ci à opter pour le sens de pliage correspondant au boutonnage du poignet. Stitch the end of the folded tab together (diagonal backstitch). This will maintain the tab folded to one side, corresponding to the buttoning tab on the cuff.	
5	Repassage final. Final ironing.	

Élaborer les systèmes de fermeture • To elaborate closing systems

TOME 1

TRACÉ DE FENTE INDÉCHIRABLE
OUTLINE FOR TEARPROOF TAB

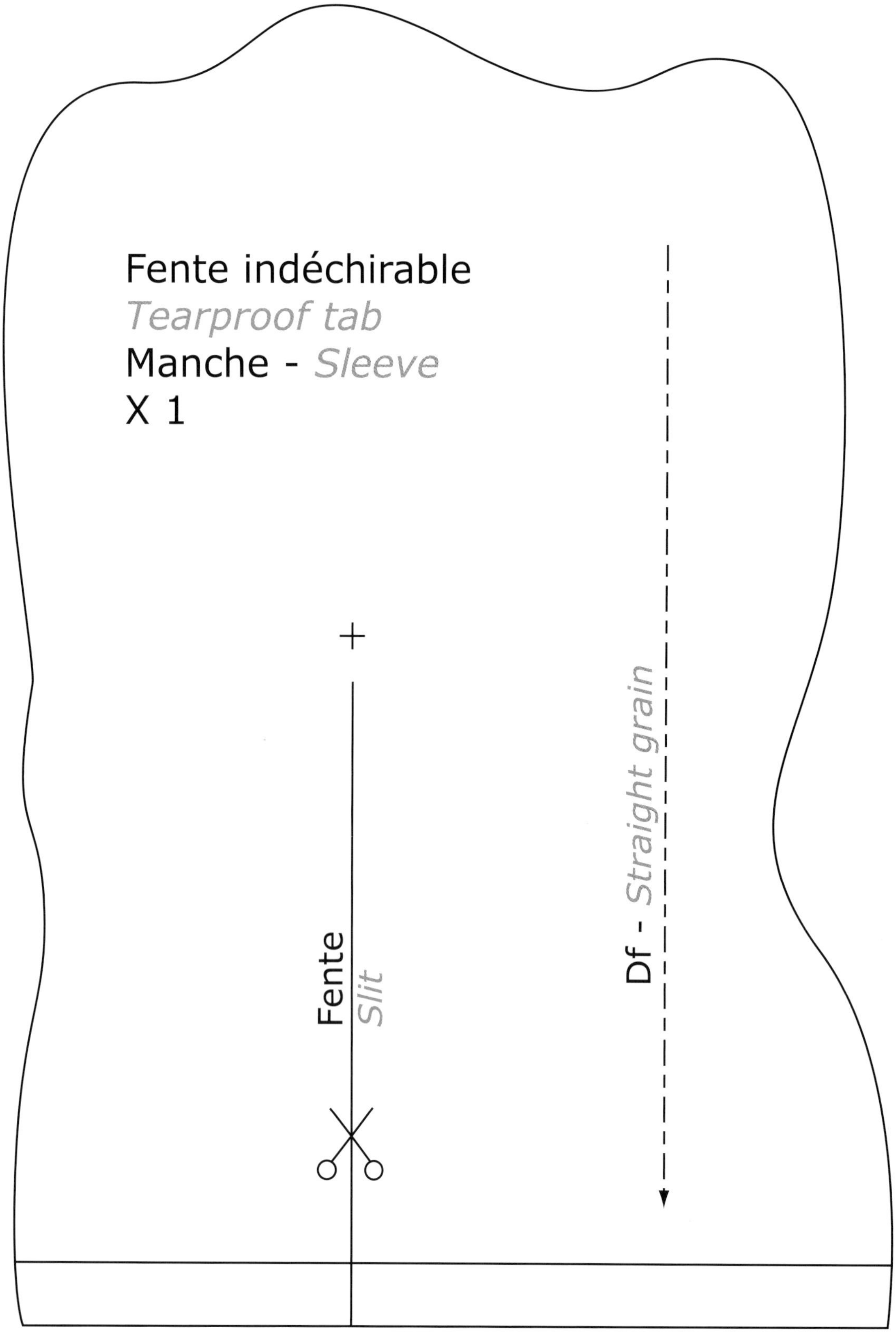

Fente indéchirable
Tearproof tab
Manche - *Sleeve*
X 1

Fente
Slit

Df - *Straight grain*

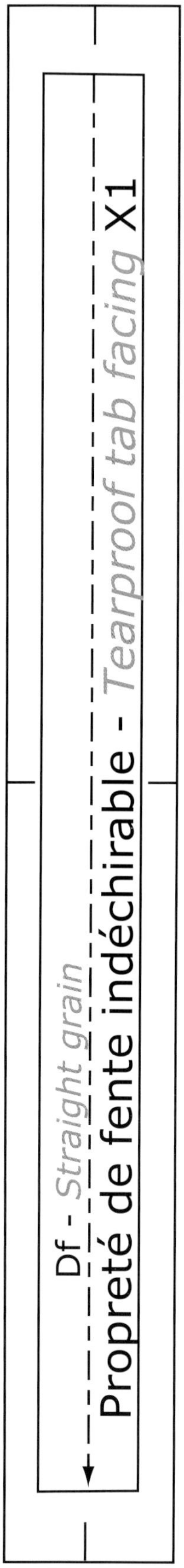

Propreté de fente indéchirable - *Tearproof tab facing* X1

Df - *Straight grain*

PATTE CAPUCIN (FINITION SURFIL / GRANDE DIFFUSION)
MANCHE DE CHEMISIER
SHIRTSLEEVE CAPUCIN PLACKET
(OVERLOCK FINISHING / MASS DISTRIBUTION)

ÉLÉMENTS NÉCESSAIRES
- 1 manche avec emplacement de fente.
- 1 patte capucin.

NECESSARY ELEMENTS
- 1 sleeve with marked slit.
- 1 capucin placket.

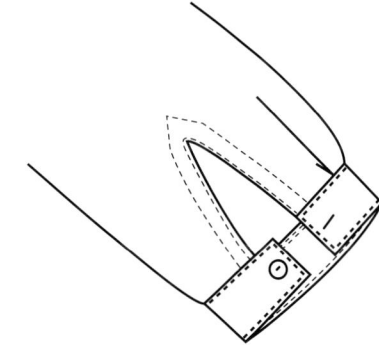
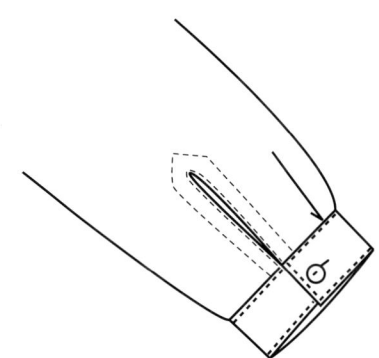
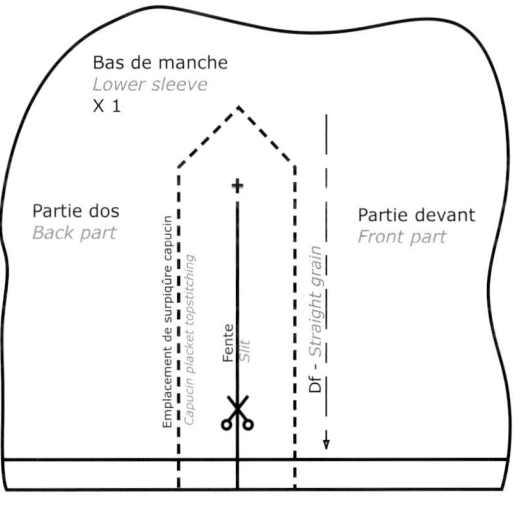
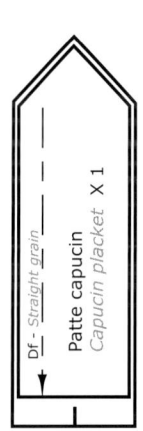

	OPÉRATIONS PROCEDURES	SCHÉMAS DIAGRAMS
1	Positionner l'endroit de la patte capucin (contours extérieurs surfilés) sur l'endroit de la manche au niveau de la ligne de fente. Piquer à 2 mm en faisant le tour de la fente. Place the right side of the capucin placket (overlock outer edges) on to the right side of the sleeve along slit line. Stitch at 2 mm from the edge all around the slit.	

Élaborer les systèmes de fermeture • To elaborate closing systems

TOME 1

Élaborer les systèmes de fermeture • To elaborate closing systems

2	Fendre, retourner sur l'envers. Surpiquer nervure tout autour de la fente. Cut slit open, turn placket on to wrong side of fabric. Sew a row of ribbed topstitching all around the slit.	
3	Le bord de la pièce capucin peut être souligné sur l'endroit par une surpiqûre apparente. The edge of the capucin placket can be topstitched on the right side of fabric.	
4	Repassage final. Final ironing.	

TRACÉ FENTE CAPUCIN (BAS DE GAMME)
OUTLINE FOR SHIRTSLEEVE CAPUCIN PLACKET (MASS DISTRIBUTION)

Patte capucin
Capucin placket X 1

Df - *Straight grain*

Bas de manche
Lower sleeve X 1

Partie devant
Front part

Df - *Straight grain*

Fente
Slit

Emplacement de surpiqûre capucin
Capucin placket topstitching

Partie dos
Back part

TOME 1

107

PATTE CAPUCIN (MOYENNE ET HAUT DE GAMME)
MANCHE DE CHEMISIER
SHIRTSLEEVE CAPUCIN PLACKET (MIDDLE AND HIGH RANGE GARMENTS)

ÉLÉMENTS NÉCESSAIRES
- 1 manche avec emplacement de fente.
- 1 patte capucin.

NECESSARY ELEMENTS
- 1 sleeve with marked slit.
- 1 capucin placket.

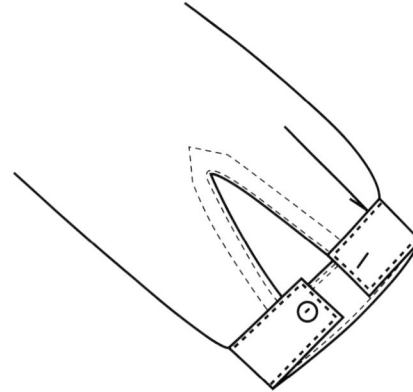
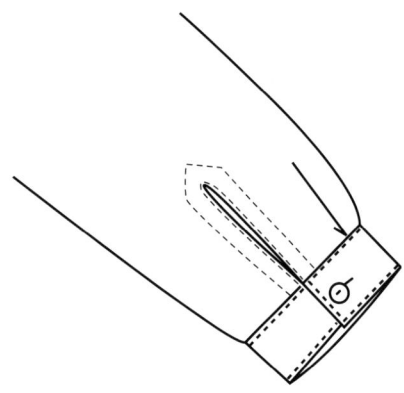
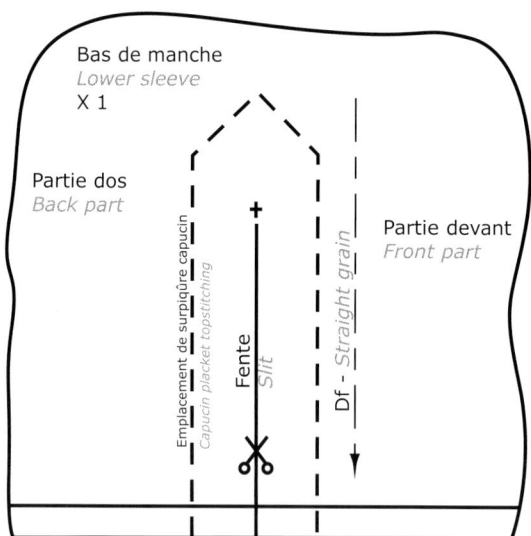
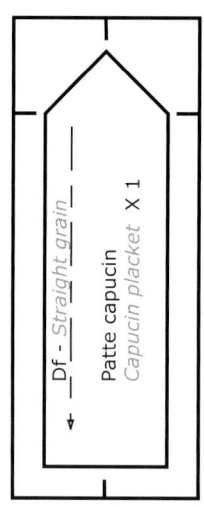

Ce montage de patte peut se faire avec différentes formes à son extrémité (pointe, carré, rectangle, etc.).
On peut également inverser le sens du montage pour obtenir la patte sur l'endroit de la manche.

The assembly procedure for this capucin placket can vary depending on the shape of the placket end (pointed, square, rectangular, etc.).
The assembly procedure can also be inverted to obtain the finished placket on the right side of fabric.

	OPÉRATIONS PROCEDURES	SCHÉMAS DIAGRAMS
1	Plier la patte capucin endroit contre endroit dans le sens de la longueur. Assembler endroit contre endroit l'extrémité de la patte capucin. Cranter l'angle de la pliure. With right sides together, fold the capucin placket lengthwise. Maintain right sides together and stitch one end of the placket at 1 cm from the edge. Clip the angle at foldline.	
2	Ouvrir la couture au fer. Retourner la pointe capucin et repasser. Iron the seam open. Turn the pointed capucin placket end to the right side and iron.	
3	Positionner l'endroit de la patte capucin sur l'endroit de la manche au niveau de la ligne de fente. Piquer à 2 mm en faisant le tour de la fente. Place the right side of the capucin placket on to the right side of the sleeve along slit line. Stitch at 2 mm from the edge all around the slit.	
4	Fendre, retourner sur l'envers. Surpiquer nervure tout autour de la fente. Cut slit open, turn placket on to wrong side of fabric. Sew a row of ribbed topstitching all around the slit.	
5	Positionner la patte très exactement en symétrie autour de la fente et surpiquer sur l'endroit en nervure par rapport à la forme de la patte capucin. Repassage final. Position the placket equally around the slit and topstitch according to the shape of the capucin placket. Final ironing.	

TRACÉ FENTE CAPUCIN (HAUT DE GAMME)
OUTLINE FOR SHIRTSLEEVE CAPUCIN PLACKET (HIGH RANGE GARMENTS)

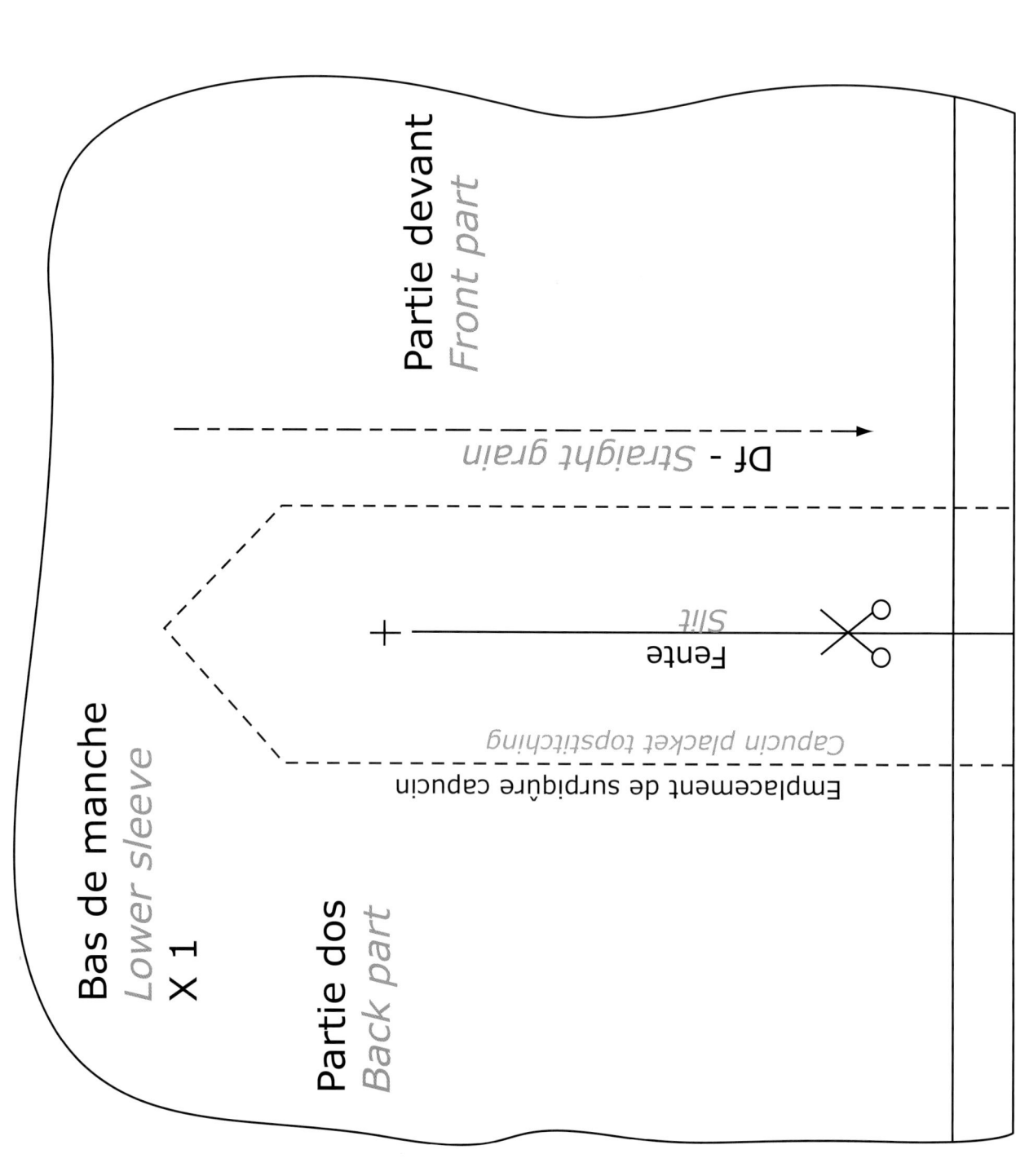

PATTE CHEMISIER AVEC FAUX OURLET
SHIRTSLEEVE PLACKET WITH FALSE HEM

ÉLÉMENTS NÉCESSAIRES
- 1 manche avec emplacement de fente.
- 1 patte chemisier.

NECESSARY ELEMENTS
- 1 sleeve with marked slit.
- 1 shirtsleeve placket.

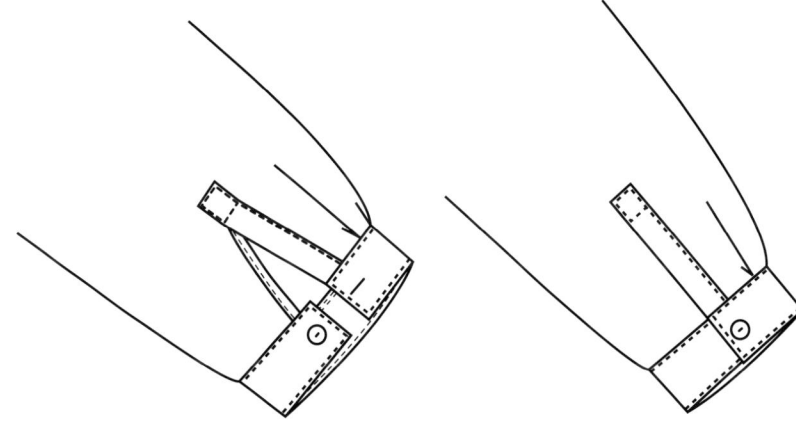

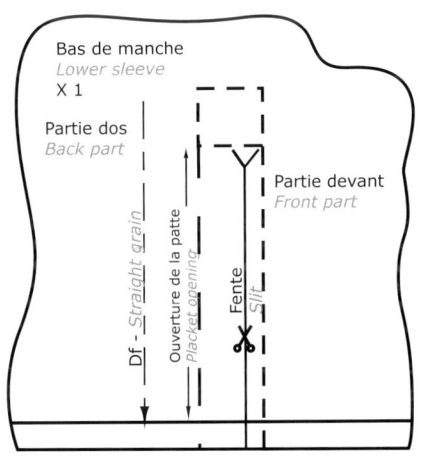
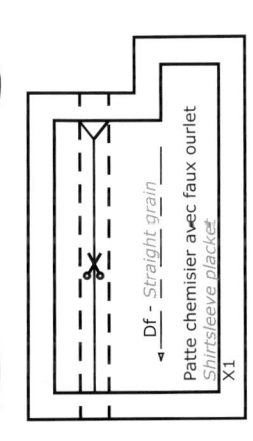

OPÉRATIONS PROCEDURES	SCHÉMAS DIAGRAMS
1. Positionner l'endroit de la patte de chemisier sur l'envers de la manche au niveau de la ligne de fente, en plaçant les crans du bas de la patte de part et d'autre de celui de la manche. Piquer en faisant le tour de la fente en rectangle (suivre les repères de crantage). Place the right side of the shirtsleeve placket on to the wrong side of the sleeve along slit line. Place placket notches on either side of sleeve slit notch. Stitch around the slit opening, following notches. Maintain right angles at slit end (see diagram).	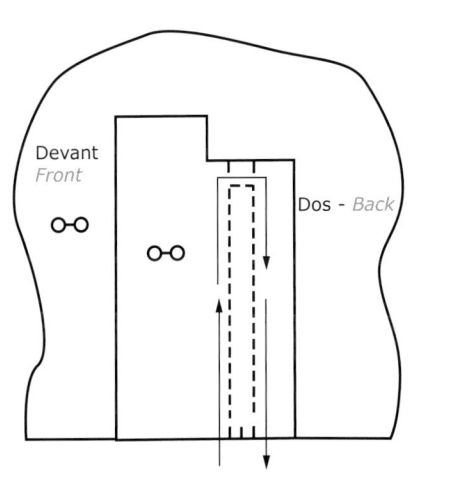

TOME 1

Élaborer les systèmes de fermeture · To elaborate closing systems

2	Fendre au milieu les deux épaisseurs de tissu (manche et patte) en terminant en capucin. Cut slit open (sleeve and placket together). Cut two diagonals at slit end.	
3	Retourner complètement la patte sur l'endroit de la manche, en formant une ouverture correspondant à la ½ largeur de patte finie. Rabattre le couturage de la partie sous-patte. Piquer en nervure tout le long de la sous-patte. Turn the entire placket on to the right side of the sleeve, forming an opening equal to ½ the width of the finished placket. Fold the seam allowance on the inner part of placket. Sew a row of ribbed topstitching along the inner part of placket.	
4	Positionner la patte par-dessus la sous-patte et rabattre la partie de recouvrement. Fold the placket, overlapping the inner part.	
5	Rentrer les couturages et piquer nervure selon le schéma. Fold the seam allowances to the inside and sew a row of ribbed topstitching (see diagram).	
6	Repassage final. Final ironing.	

TRACÉ PATTE CHEMISIER AVEC FAUX OURLET
PATTERN FOR SHIRTSLEEVE PLACKET WITH FALSE HEM

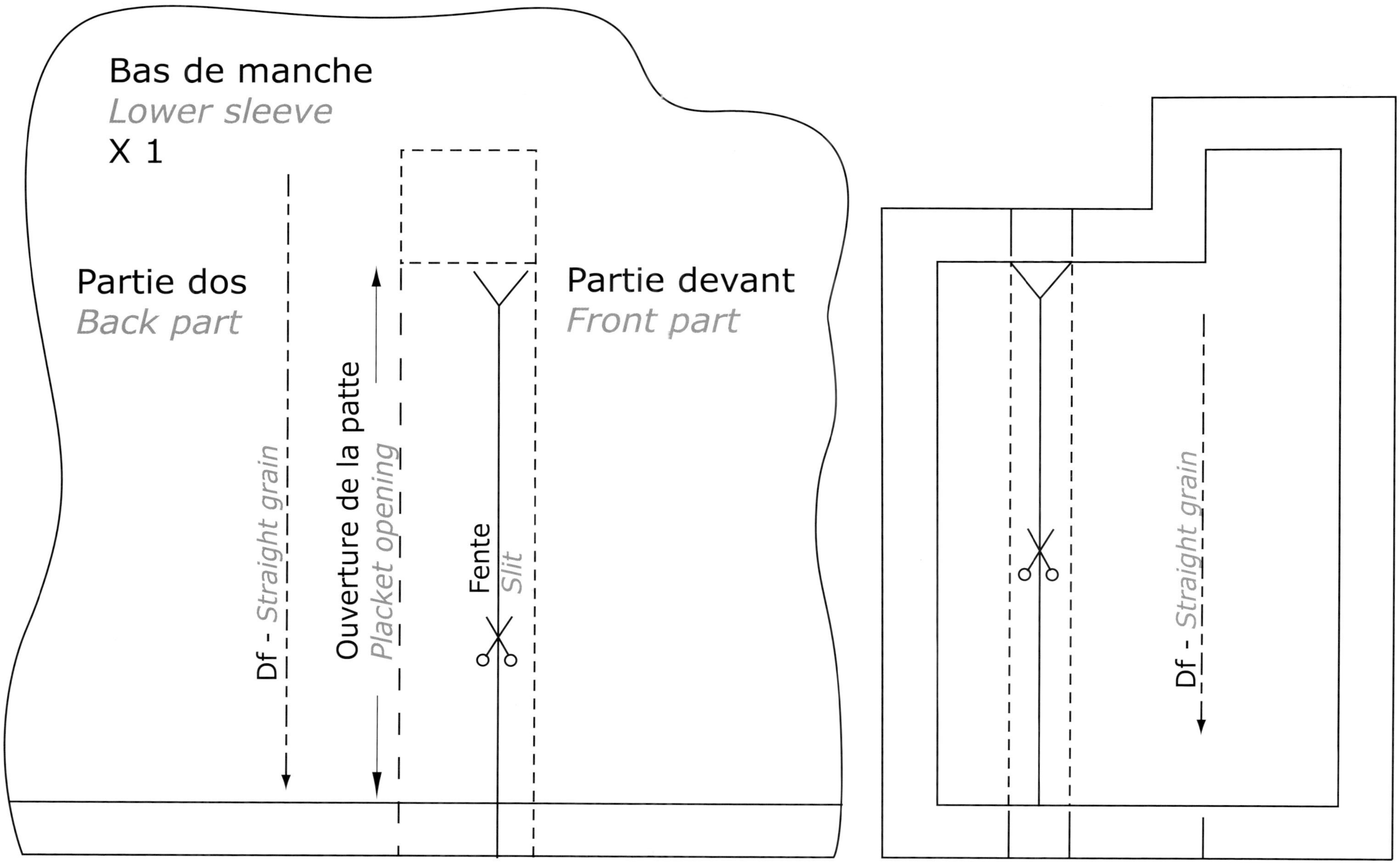
Bas de manche
Lower sleeve
X 1
Partie dos
Back part
Df - Straight grain
Ouverture de la patte
Placket opening
Fente
Slit
Partie devant
Front part
Df - Straight grain

PATTE DE BOUTONNAGE EN UNE PIÈCE (MANCHE DE CHEMISE HOMME)
ONE-PIECE BUTTONING PLACKET (MEN'S SHIRTSLEEVE)

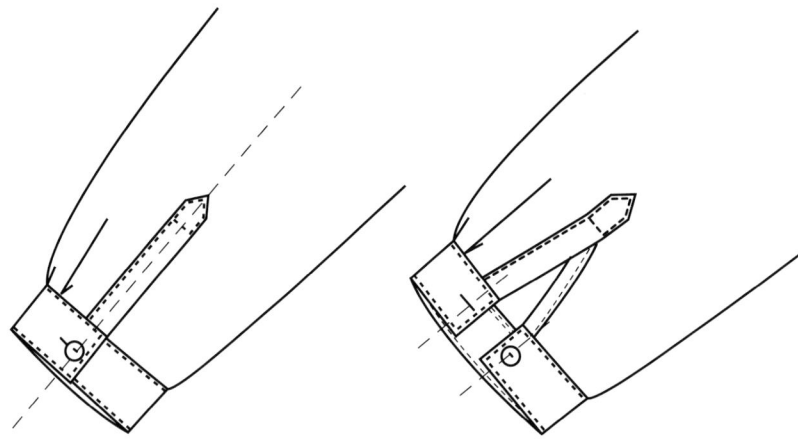

ÉLÉMENTS NÉCESSAIRES
- 1 manche avec emplacement de fente.
- 1 patte de boutonnage.

NECESSARY ELEMENTS
- 1 sleeve with marked slit.
- 1 buttoning placket.

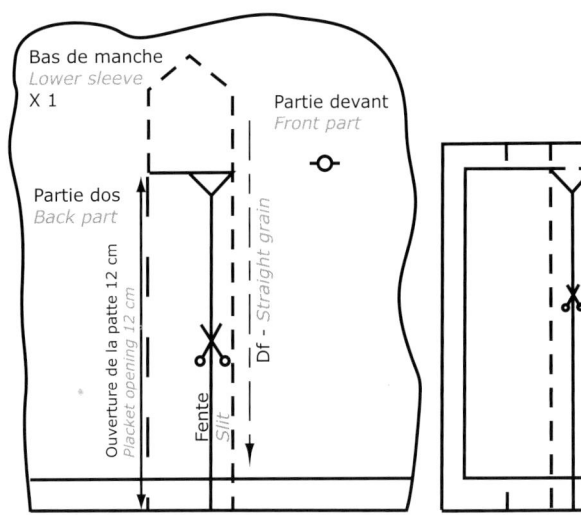

Bas de manche / *Lower sleeve* X 1
Partie devant / *Front part*
Partie dos / *Back part*
Ouverture de la patte 12 cm / *Placket opening 12 cm*
Fente / *Slit*
Df - *Straight grain*

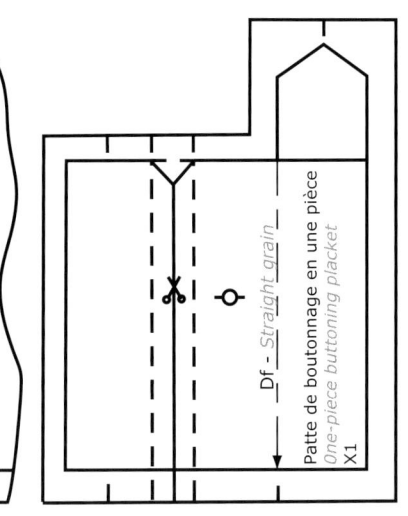

Df - *Straight grain*
Patte de boutonnage en une pièce / *One-piece buttoning placket* X1

OPÉRATIONS PROCEDURES	SCHÉMAS DIAGRAMS
1 Plier la partie capucin de la patte endroit contre endroit dans le sens de la longueur. Assembler endroit contre endroit l'extrémité de la patte capucin. Cranter l'angle de la pliure. *With right sides together, fold the placket lengthwise. Maintain right sides together and stitch the pointed placket end at 1 cm from the edge. Clip the angle at foldline.*	

2	Ouvrir la couture au fer. Retourner la pointe capucin et repasser. *Iron seam open.* *Turn the pointed capucin placket end and iron.*	
3	Positionner l'endroit de la patte de chemise sur l'envers de la manche au niveau de la ligne de fente, en plaçant les crans du bas de la patte de part et d'autre de celui de la manche. Piquer en faisant le tour de la fente en rectangle (suivre les repères de crantage). *Place the right side of the shirtsleeve placket on to the wrong side of the sleeve along slit line. Place placket notches on either side of sleeve slit notch.* *Stitch all around the slit opening, following notches. Maintain right angles at slit end (see diagram).*	Devant / *Front*
4	Fendre au milieu les deux épaisseurs de tissu (manche et patte) en terminant en capucin. *Cut slit open (sleeve and placket). Cut two diagonals at slit end.*	Devant / *Front*
5	Retourner complètement la patte sur l'endroit de la manche. Repasser. *Turn the entire placket on to the right side of sleeve.* *Iron.*	Devant / *Front*

6	Plier et rabattre la partie sous-patte sur l'ouverture créée dans l'étape 5. Retourner le couturage de la sous-patte sur l'intérieur et piquer en nervure tout le long de la sous-patte. Fold the inner part of placket over the opening made in step 5. Fold the seam allowance on the inner part of placket and sew a row of ribbed topstitching along the edge.	
7	Positionner la patte par-dessus la sous-patte et rabattre la partie de recouvrement. Fold the placket overlapping the inner part.	
8	Rentrer les couturages et piquer nervure selon le schéma. Fold the seam allowances inside and sew a row of ribbed topstitching (see diagram).	
9	Repassage final. Final ironing.	

PATTE DE BOUTONNAGE DE MANCHE DE CHEMISE EN UNE PIÈCE
PATTERN FOR ONE-PIECE BUTTONING PLACKET

Patte de boutonnage en une pièce
One-piece buttoning placket
X1

Df - *Straight grain*

Bas de manche
Lower sleeve
X 1

Partie devant
Front part

Df - *Straight grain*

Fente
Slit

Partie dos
Back part

Ouverture de la patte 12 cm
Placket opening 12 cm

TOME 1

PATTE DE BOUTONNAGE EN DEUX PIÈCES (MANCHE DE CHEMISE HOMME)
TWO-PIECE BUTTONING PLACKET (MEN'S SHIRTSLEEVE)

ÉLÉMENTS NÉCESSAIRES
- 1 manche avec emplacement de fente.
- 1 patte capucin (devant de manche).
- 1 rectangle de propreté (dos de manche).

NECESSARY ELEMENTS
- 1 sleeve with marked slit.
- 1 capucin placket (sleeve front).
- 1 rectangle for facing (sleeve back).

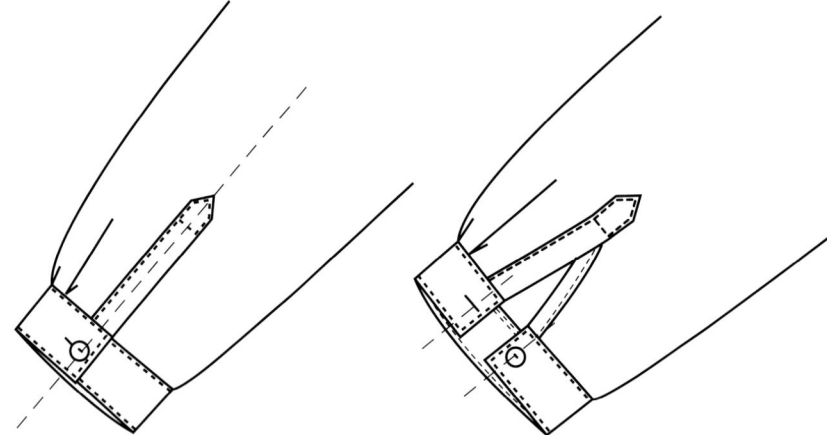

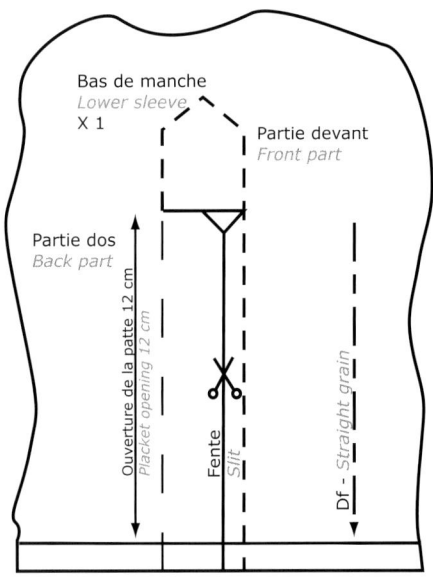
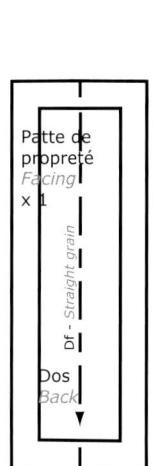
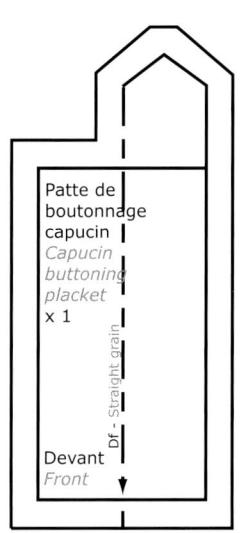

Bas de manche / Lower sleeve X 1
Partie devant / Front part
Partie dos / Back part
Ouverture de la patte 12 cm / Placket opening 12 cm
Fente / Slit
Df - Straight grain

Patte de propreté / Facing x 1
Df - Straight grain
Dos / Back

Patte de boutonnage capucin / Capucin buttoning placket x 1
Df - Straight grain
Devant / Front

	OPÉRATIONS PROCEDURES	SCHÉMAS DIAGRAMS
1	La patte capucin sera assemblée à la partie devant de la manche. La patte de propreté sera assemblée à la partie dos de la manche. Pointer sur la manche la fente (points A, B, C sur lesquels seront assemblées les deux parties). The capucin placket will be assembled to the front part of the sleeve. The facing will be assembled to the back part of the sleeve. Mark the slit on the sleeve (the two pieces will be assembled to points A, B and C).	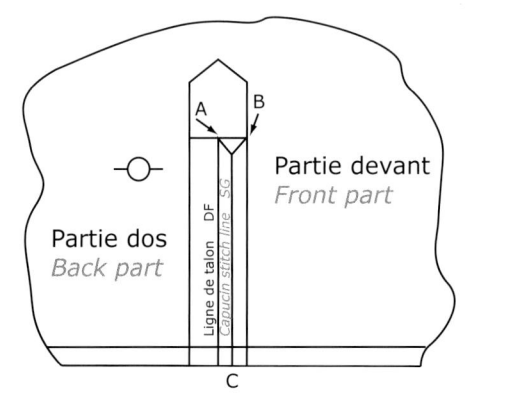 Partie devant / Front part Partie dos / Back part Ligne de talon / Capucin stitch line DF / SG A, B, C

2	Sur l'envers, thermocoller une pastille sur le bout de la fente afin d'éviter l'effilochage. Fendre la manche en suivant le tracé de la fente comme sur le schéma. On the wrong side of fabric, interface over the slit end to avoid fraying. Cut the slit following the outline (see diagram).	Pastille thermocollante / *Interfacing* Partie dos / *Back part* Partie devant / *Front part*
3	Assembler l'endroit de la patte de propreté contre l'envers de la fente, en piquant du bas de la manche jusqu'au crantage thermocollé. À noter : faire des points d'arrêt au début et à la fin de la couture. Assemble the right side of facing to the wrong side of sleeve along slit opening. Stitch from sleeve bottom to interfaced slit end. Backstitch at beginning and end of seam.	Partie dos / *Back part* Partie devant / *Front part*
4	Plier le couturage opposé de la patte sur l'envers de la patte, puis replier le milieu de patte en retournant le couturage sur l'endroit de la manche. Piquer nervure au bord de la patte sur l'endroit de la manche. Fold the seam allowance on the opposite side of the facing on to the wrong side of the facing. Fold the facing lengthwise flipping the seam allowance on to the right side of the sleeve. Sew a row of ribbed topstitching along the edge of facing, on the right side of sleeve.	Partie devant / *Front part* — Partie dos / *Back part* Partie dos / *Back part* — Partie devant / *Front part*
5	Retourner la fente en capucin sur l'endroit de la manche et laisser le haut de la patte de propreté dépasser par-dessus. Fold the pointed part at top of slit on to right side of sleeve and let the upper part of facing overlap it.	Patte de propreté par dessus la fente capucin / *Facing overlapping pointed part of slit* Partie dos / *Back part* Partie devant / *Front part*

Élaborer les systèmes de fermeture • To elaborate closing systems

6	Assembler la patte capucin endroit de la patte contre envers de la manche le long de la fente du bas de la manche jusqu'au crantage thermocollé en écartant la patte de propreté du montage. À noter : faire des points d'arrêt au début et à la fin de la couture. Assemble the right side of the capucin placket to the wrong side of the sleeve along slit opening. Stitch from sleeve bottom to interfaced slit end, while holding the facing aside. Backstitch at beginning and end of seam.	
7	Plier le couturage opposé de la patte capucin sur l'envers de la patte ainsi que la forme du capucin et le milieu de patte en retournant le couturage sur l'endroit de la manche (voir schémas A et B). Fold the seam allowance on the opposite side of placket as well as the seam allowance around the pointed shape of capucin placket on to the wrong side of the placket. Fold placket lengthwise flipping the seam allowance on to the right side of the sleeve (see diagrams A and B).	
8	Piquer nervure au bord de la patte sur l'endroit de la manche en suivant le schéma. La dernière piqûre nervure AB maintient le capucin coupé et la patte de propreté à l'intérieur (sous la patte capucin) à 1 mm de la pliure du capucin de la manche. Sew a row of ribbed topstitching on the right side of the sleeve along the edge of placket (see diagram). The final row of ribbed topstitching AB, maintains the clipped pointed part and the facing, underneath the capucin placket. Stitching is at 1 mm from the placket foldline on sleeve.	
9	Repassage final. Final Ironing.	

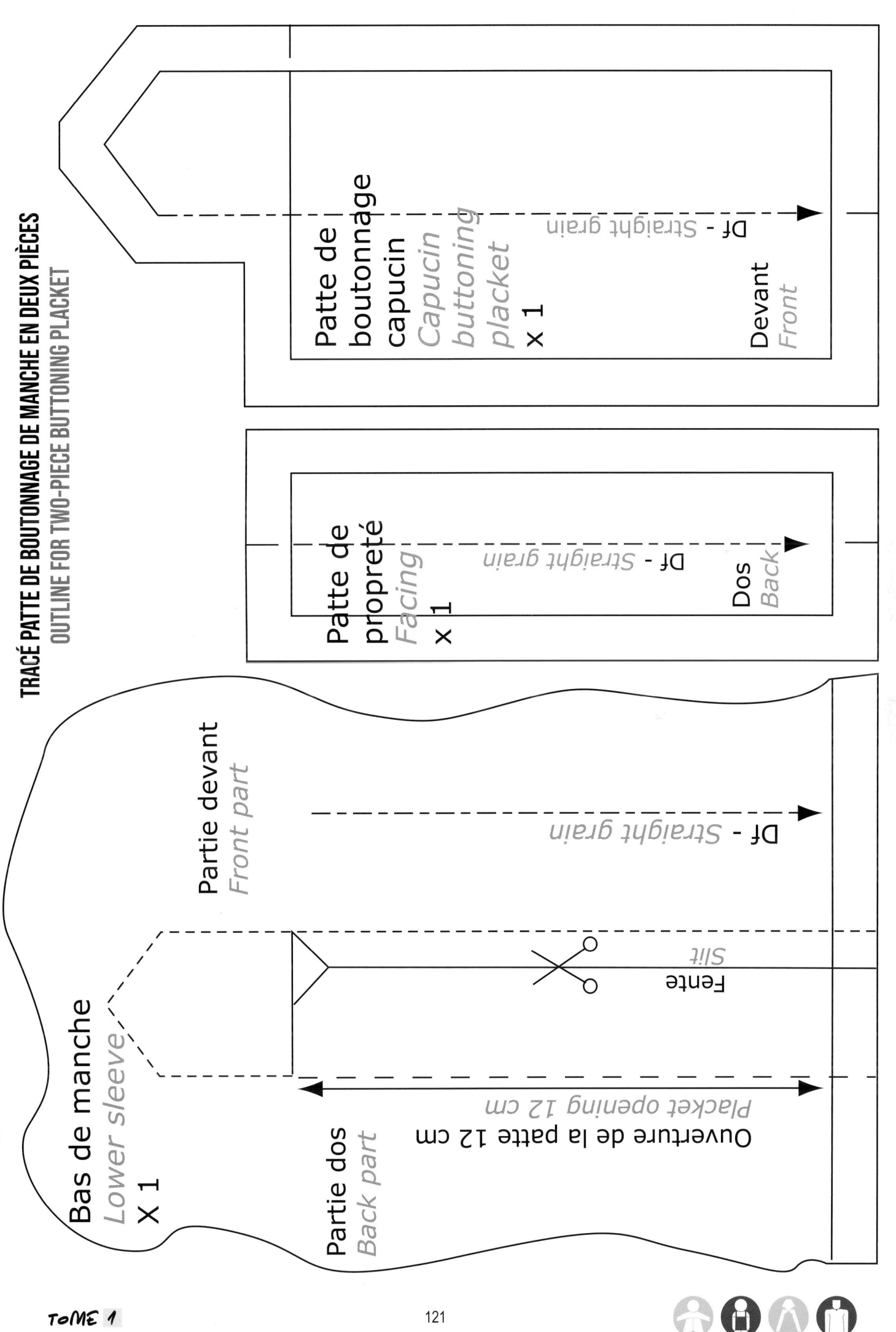

TABLEAU DES HAUTEURS D'OUVERTURE MILIEU DOS (ENFANT)
MEASUREMENT CHART: CENTER BACK LENGTHS (CHILDREN'S WEAR)

Âge / Age	Taille / Height	Longueur fermeture à glissière / Zipper length	Ouverture depuis l'encolure / Opening from neckline	Hauteur taille dos / Back waist length	Ouverture sous la ligne de taille / Opening below waistline
3 m	60	25	22	15.5	6.5
6 m	68	25	23	17	6
12 m	74	25	24	18.5	5.5
18 m	80	25	24	20	4
2	86	30	28	21.5	6.5
3	98	30	29	23	6
4	104	35	33	24.5	8.5
6	116	40	38	27.5	10.5
8	128	45	43	30.5	12.5
10	140	50	48	33.5	14.5
12	152	55	50	37	16
14	164	60	58	40	18

EMPIÈCEMENTS
YOKES

EMPIÈCEMENT EN APPLICATION
APPLIED YOKE

ÉLÉMENTS NÉCESSAIRES
- 1 pièce de support de l'application (devant, dos, manche, etc.).
- 1 empiècement.
- 1 gabarit de l'empiècement en carton.

NECESSARY ELEMENTS
- 1 back-up piece for the application (front, back, sleeve, etc.).
- 1 yoke.
- 1 cardboard yoke template.

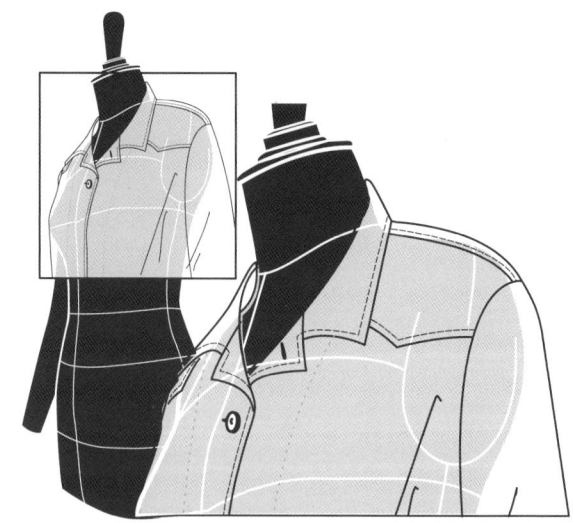

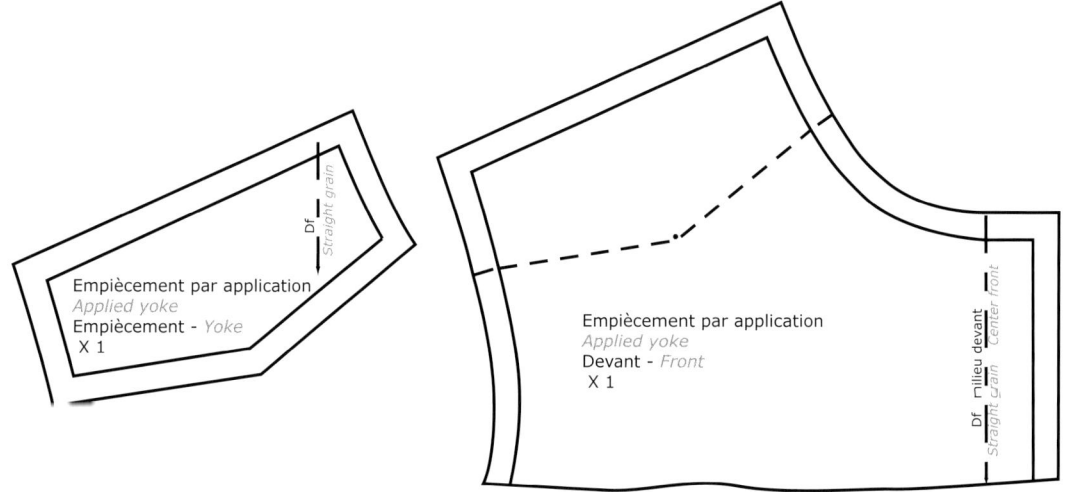

OPÉRATIONS PROCEDURES	SCHÉMAS DIAGRAMS
1. Préparer un gabarit correspondant à la forme de l'empiècement sans couturage dans un carton rigide sans épaisseur. Prepare a cardboard template identical to the yoke, but without the seam allowance value. Use a stiff but light quality of cardboard.	

renforcer ou orner des pièces de vêtement • To strengthen or adorn garment pieces

2	Poser le gabarit sur l'envers de l'empiècement et retourner au fer les valeurs de couturages de la découpe sur ce gabarit. Oter le gabarit. Place the template on the wrong side of the yoke and iron the seam allowance values over the edge of the template. Remove the template.	
3	Retourner l'empiècement ainsi préparé et poser l'envers de l'empiècement sur l'endroit de la pièce de support. Faire coïncider les points de repères et les crans du patronage. Place the wrong side of the pre-prepared yoke on to the right side of the front or back piece. Match the notches indicated on pattern piece.	
4	Surpiquer avec la surpiqûre de votre choix (nervure, simple ou double). Faire des points d'arrêt dans les valeurs de couturage. Topstitch using ribbed topstitching, simple or double topstitching. Backstitch at each end within the seam allowance values.	
5	Repassage final. Final ironing.	

NOTES /

renforcer ou orner des pièces de vêtement • To strengthen or adorn garment pieces

TRACÉ EMPIÈCEMENT PAR APPLICATION
OUTLINE FOR APPLIED YOKE

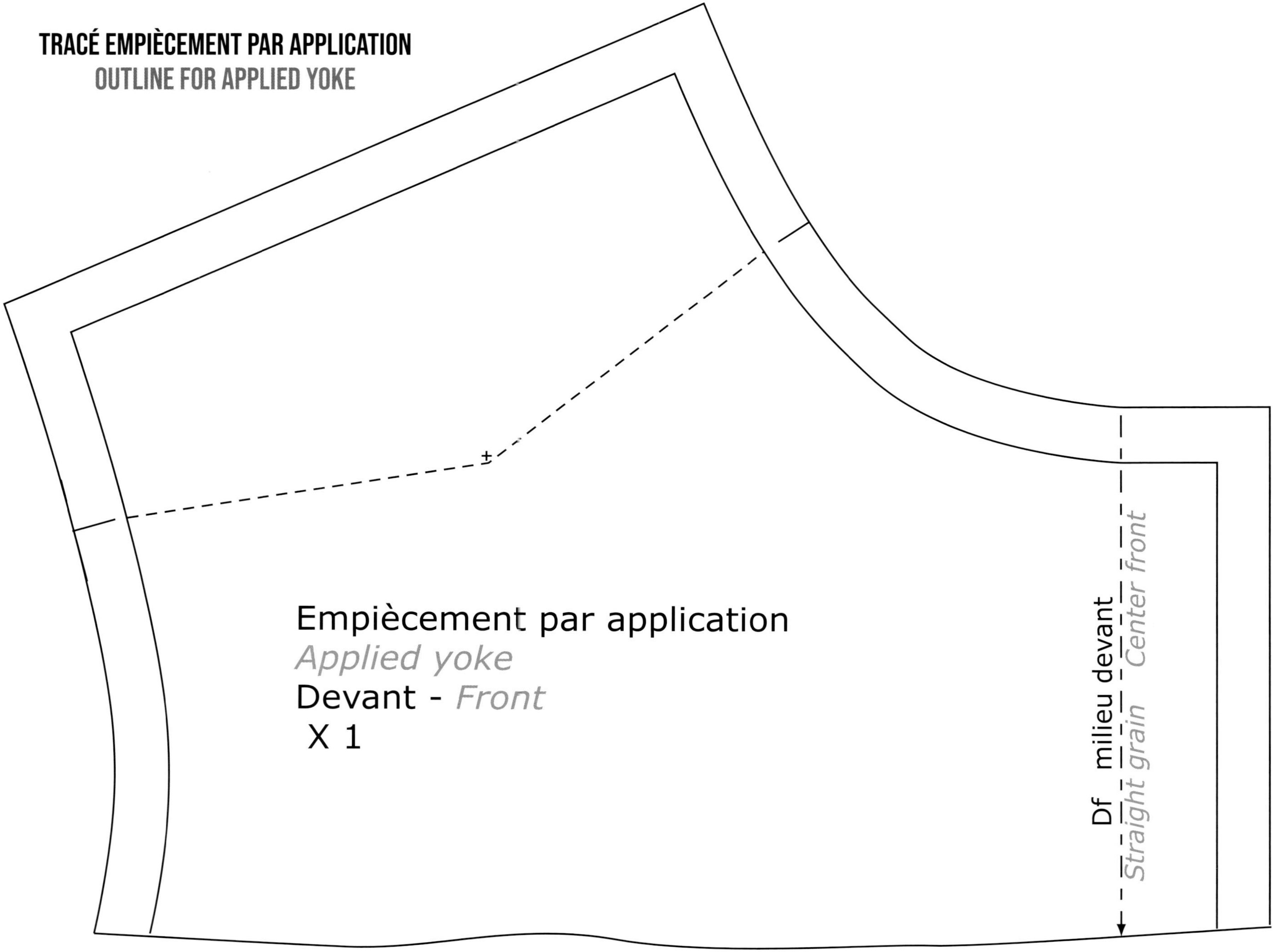

Empiècement par application
Applied yoke
Devant - *Front*
X 1

Df milieu devant Center front Straight grain

TRACÉ EMPIÈCEMENT PAR APPLICATION
OUTLINE FOR APPLIED YOKE

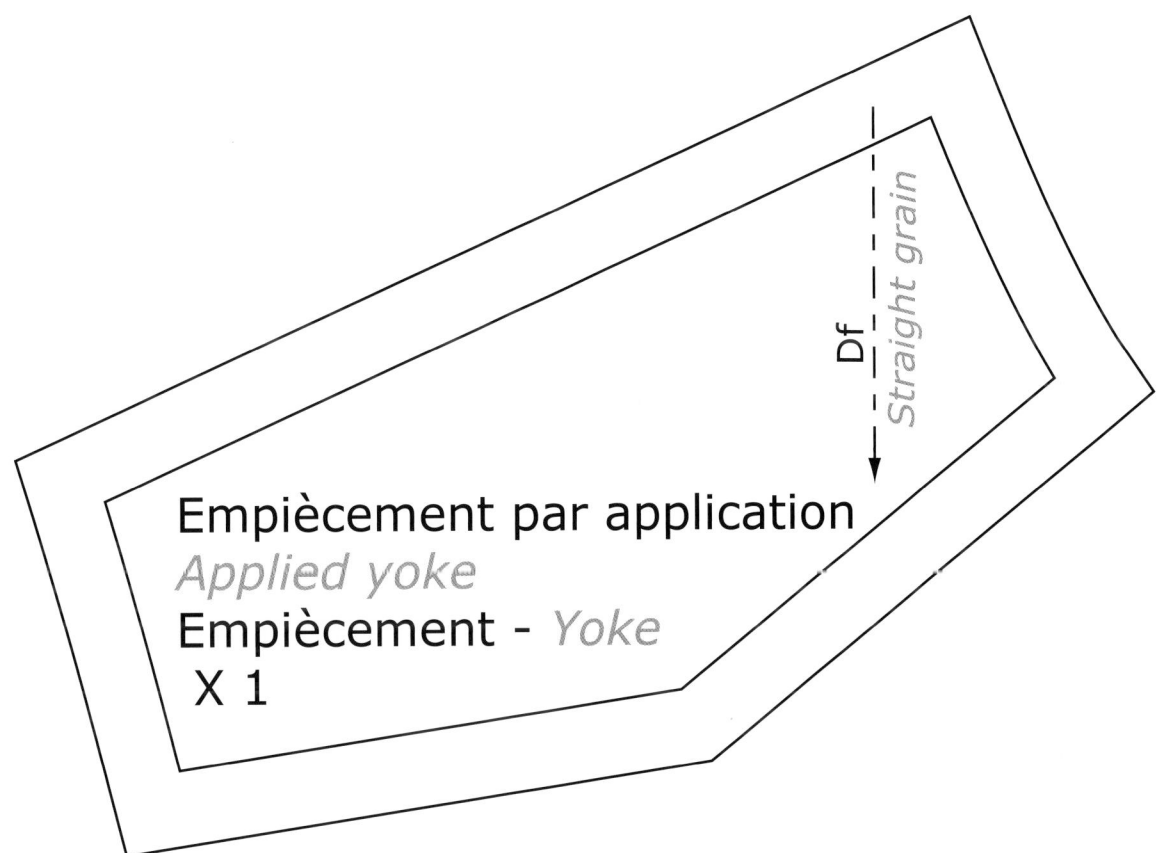

EMPIÈCEMENT EN INCRUSTATION
INSET YOKE

renforcer ou orner des pièces de vêtement • To strengthen or adorn garment pieces

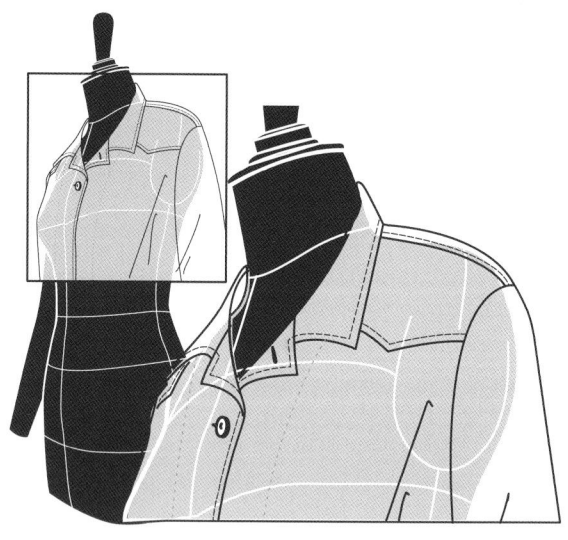

ÉLÉMENTS NÉCESSAIRES
- 1 pièce à incruster (devant, dos, manche, etc.).
- 1 empiècement ou incrustation.

NECESSARY ELEMENTS
- 1 piece for the inset (front, back, sleeve, etc.).
- 1 yoke or inset piece.

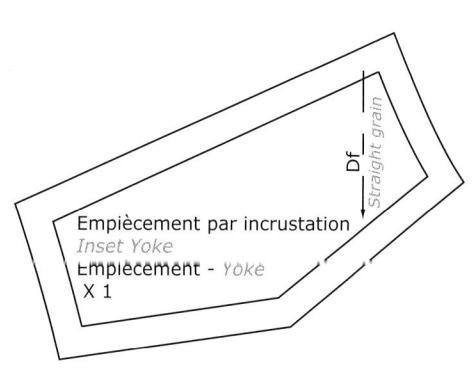

Empiècement par incrustation
Inset Yoke
Empiècement - *Yoke*
X 1

Df *Straight grain*

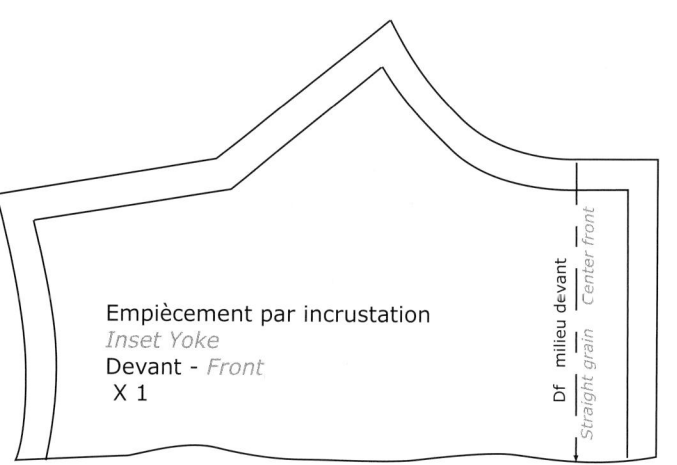

Empiècement par incrustation
Inset Yoke
Devant - *Front*
X 1

Df milieu devant *Center Front*
Straight grain

	OPÉRATIONS PROCEDURES	SCHÉMAS DIAGRAMS
1	Renforcer les angles à incruster avec un renfort d'angle (voir RENFORT D'ANGLE) ou en thermocollant une pastille de toile. Reinforce the angles (see ANGLE REINFORCEMENT) or by interfacing a piece of muslin.	Thermocollant *Interfacing* Renfort d'angle *Angle reinforcement*

2	Éventuellement, surfiler les pièces séparément avant l'incrustation. Each piece can be overlocked separately before assembly, but it is not essential.	
3	Assembler à 1 cm les deux pièces endroit contre endroit en faisant tourner les pièces sur l'angle grâce au crantage (7 mm) de celui-ci. With right sides together, assemble the two pieces together at 1 cm from the edge and by pivoting on the notch (7 mm) at the angle.	
4	Repasser l'assemblage en optant pour un sens de coutures (ouvertes, couchées vers le haut ou le bas). On peut surfiler les deux couturages ensemble si l'opération 2 n'a pas été exécutée. Iron finished assembly, with seam allowances ironed open, or folded either towards the top or bottom. The 2 seam allowances can be overlocked together (if they were not overlocked separately in step 2).	
5	Surpiquer selon le modèle. Repassage final. Topstitch according to garment design and style. Final ironing.	

NOTES /

Renforcer ou orner des pièces de vêtement • To strengthen or adorn garment pieces

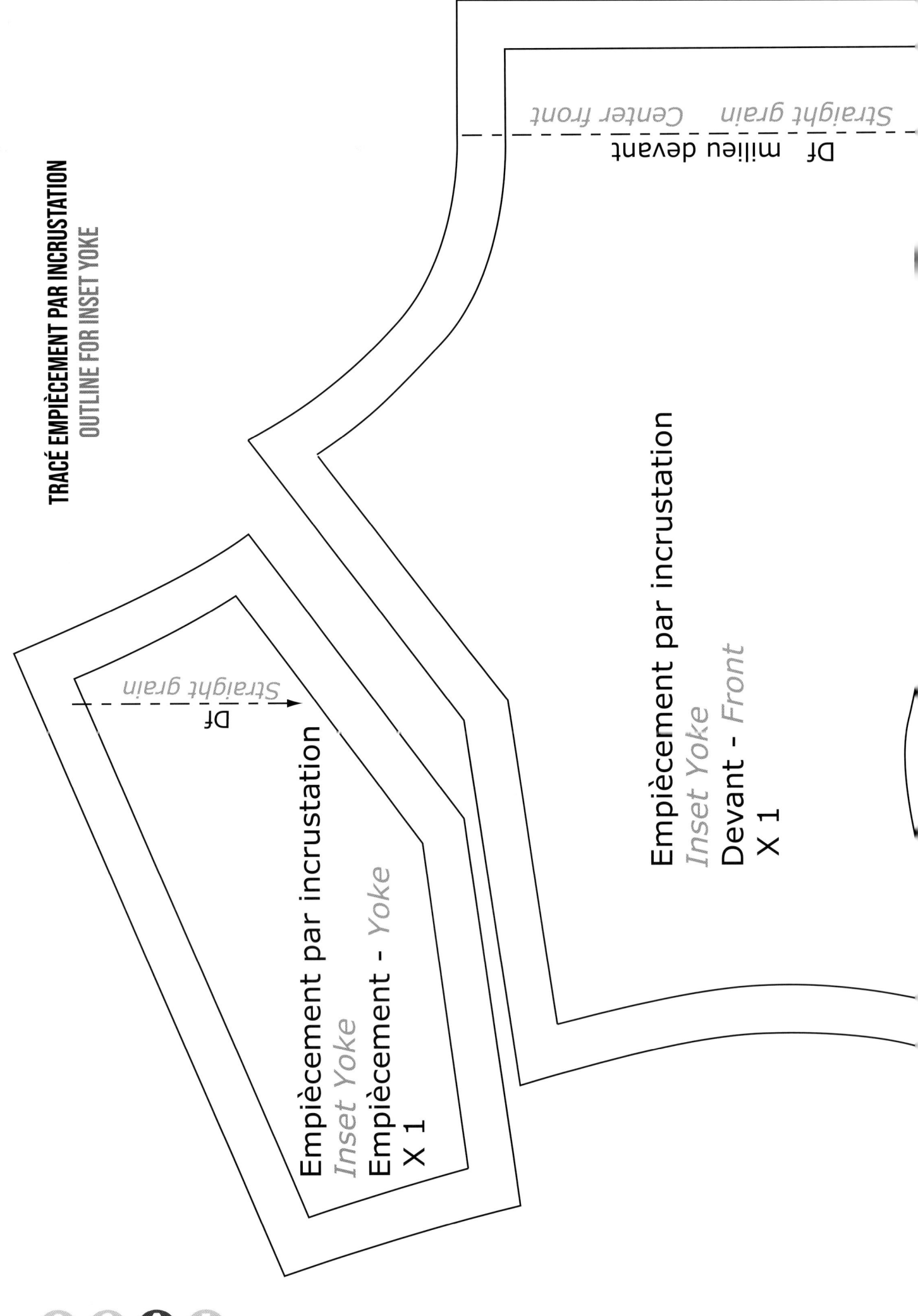

EMPIÈCEMENT EN FOURREAU
SHEATHED YOKE

ÉLÉMENTS NÉCESSAIRES
- 1 dos.
- 2 devants.
- 2 empièecements identiques pour le dessus et le dessous.

NECESSARY ELEMENTS
- 1 back.
- 2 fronts.
- 2 identical yokes (outer yoke and inner yoke).

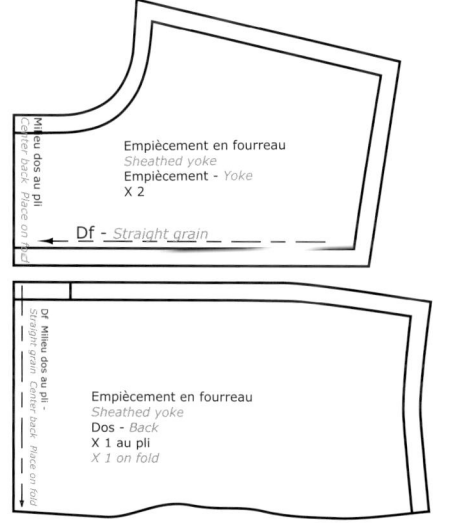

Renforcer ou orner des pièces de vêtement • To strengthen or adorn garment pieces

OPÉRATIONS PROCEDURES	**SCHÉMAS** DIAGRAMS
1 **DOS** Préparer le pli du milieu dos ou autre selon le modèle. Puis, positionner le dos avec un empièecement de part et d'autre. Piquer, dégarnir le couturage de l'empièecement se trouvant contre l'envers du dos. **BACK** Prepare the center back pleat, according to garment design and style. Place the back between the inner and outer yokes. Stitch, then trim the seam allowance on the inner yoke.	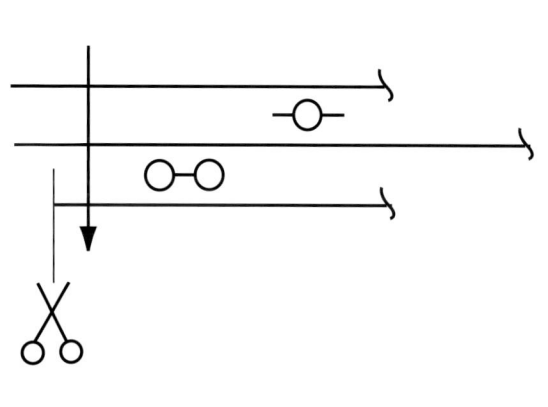

TOME 1

renforcer ou orner des pièces de vêtement • To strengthen or adorn garment pieces

2	Rabattre les deux parties d'empiècement sur l'endroit et repasser. Fold the two yokes so wrong sides are together, and iron.	
3	Positionner l'un des devants face à l'empiècement (prendre garde de placer les emmanchures dos et devant en continuité). Rentrer le couturage du devant entre les deux empiècements. Retourner les couturages des empiècements vers l'intérieur et aller chercher les trois couturages (empiècement dessous, devant, empiècement dessus). Retourner (le devant se trouve emprisonné entre les deux empiècements pendant le montage). Place one of the fronts opposite the yoke (check that front and back armhole curves are aligned). Place the front seam allowance value between the two yokes. Fold the yoke seam allowances towards the wrong sides. Stitch the three layers together from the inside of the two yokes. Turn to right side of fabric (the front piece has been stitched between the two yokes).	
4	Assembler à 1 cm. Dégarnir le couturage de l'empiècement se trouvant contre l'envers du devant. Assemble at 1 cm from the edge. Trim the seam allowance on the inner yoke.	
5	Retourner en tirant sur le devant pour qu'il se retourne. Repasser. Turn by pulling on the front piece. Iron.	

6	Recommencer les étapes 3, 4 et 5 pour l'assemblage de l'autre devant. Repeat for the other front piece (Steps 3,4 and 5).	
7	Surpiquer les lignes d'empiècements selon le modèle. Topstitch the yoke seams according to the garment design and style.	
8	Repassage final. Final ironing.	

NOTES /

renforcer ou orner des pièces de vêtement • To strengthen or adorn garment pieces

Df Milieu devant
Straight grain Center front

Empiècement en fourreau
Sheathed yoke
Devant - *Front*
X 2

TRACÉ EMPIÈCEMENT EN FOURREAU
OUTLINE FOR SHEATHED YOKE

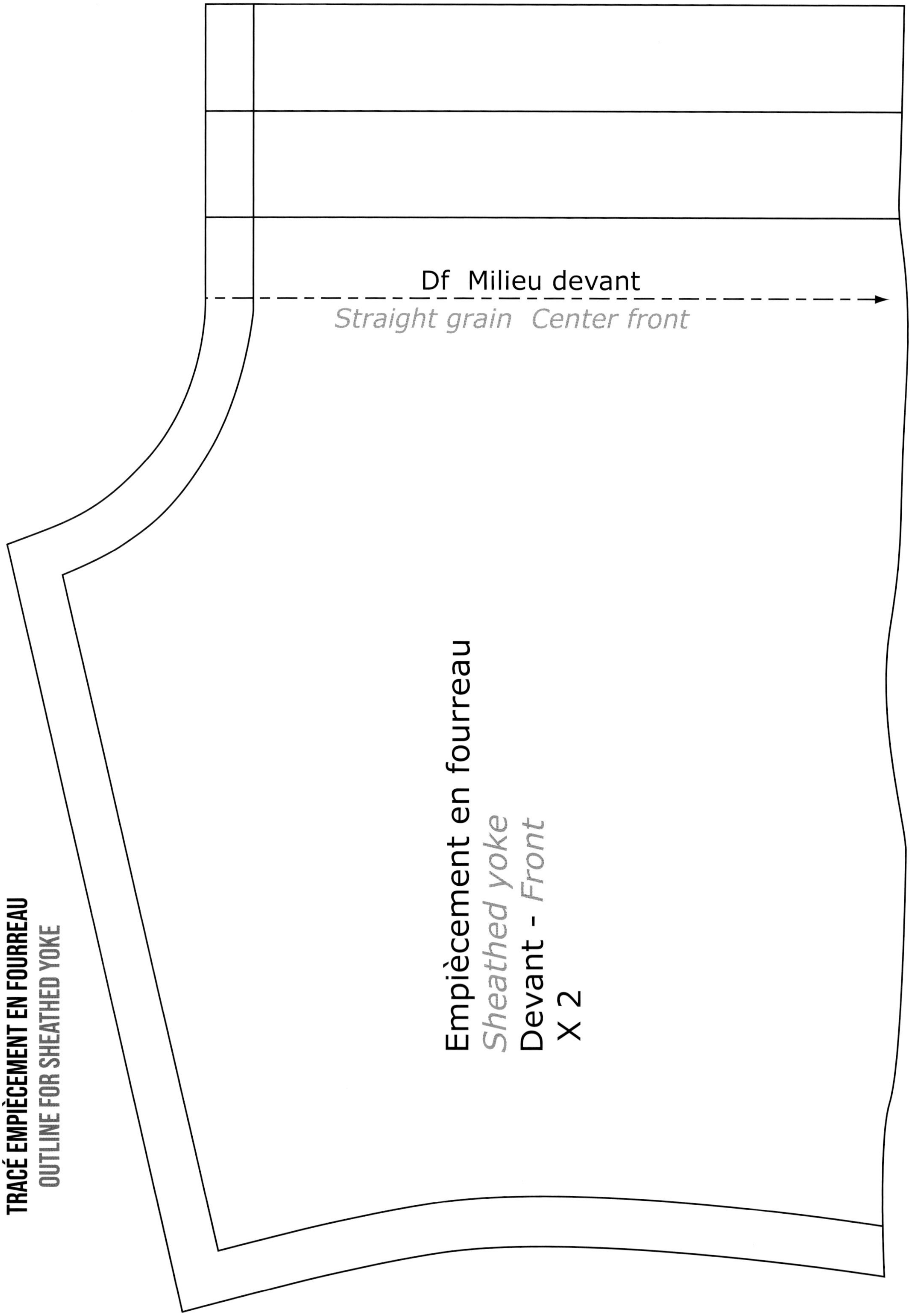

TRACÉ EMPIÈCEMENT EN FOURREAU
OUTLINE FOR SHEATHED YOKE

Empiècement en fourreau
Sheathed yoke
Dos - *Back*
X 1 au pli
X 1 on fold

Df Milieu dos au pli -
Straight grain Center back Place on fold

TOME 1

TRACÉ EMPIÈCEMENT EN FOURREAU
OUTLINE FOR SHEATHED YOKE

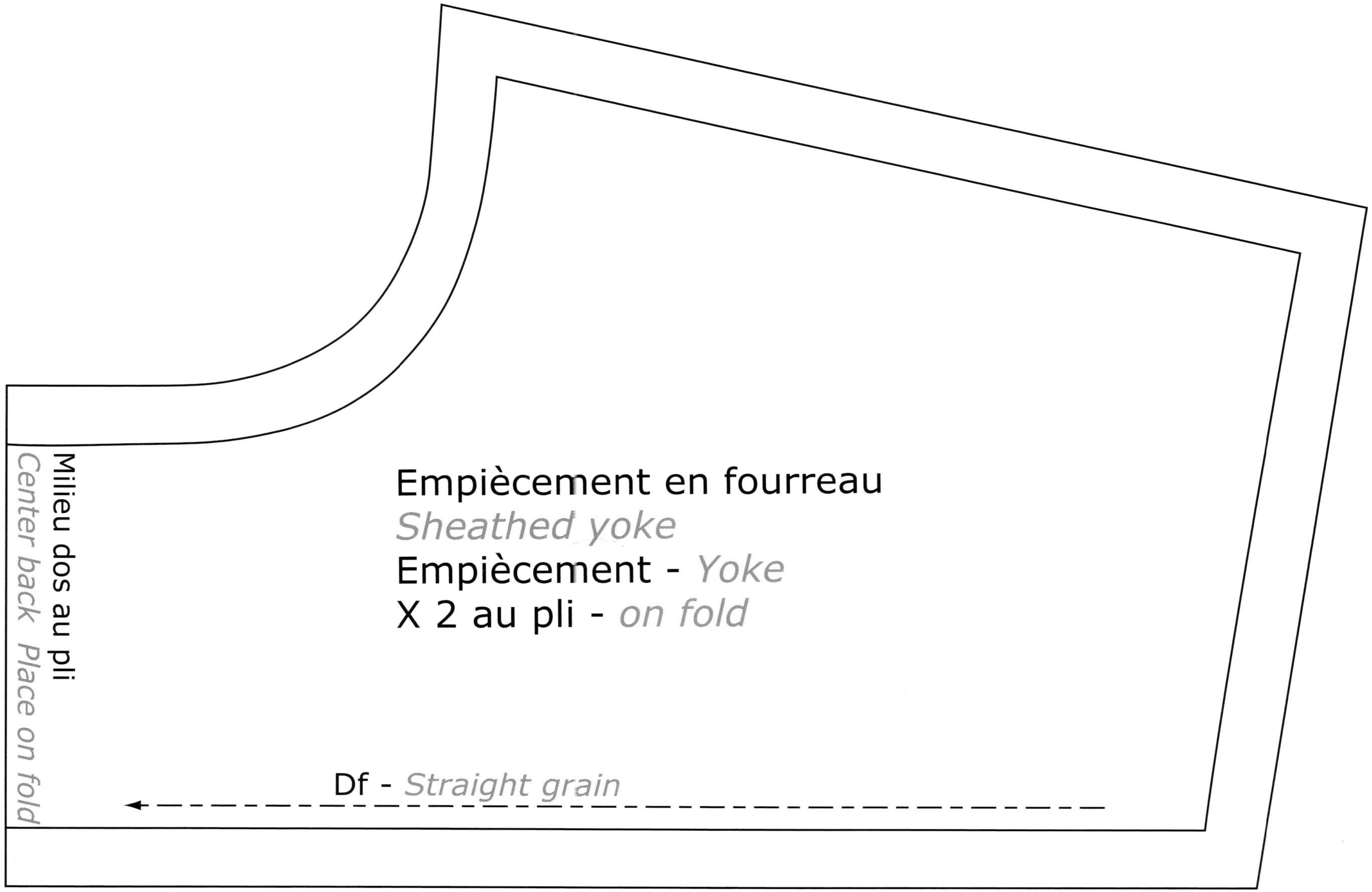

Empiècement en fourreau
Sheathed yoke
Empiècement - *Yoke*
X 2 au pli - *on fold*

Df - *Straight grain*

Milieu dos au pli
Center back   Place on fold

MODES OPÉRATOIRES

ASSEMBLY PROCEDURES

MODE OPÉRATOIRE - JUPE DROITE
ASSEMBLY PROCEDURES - STRAIGHT SKIRT

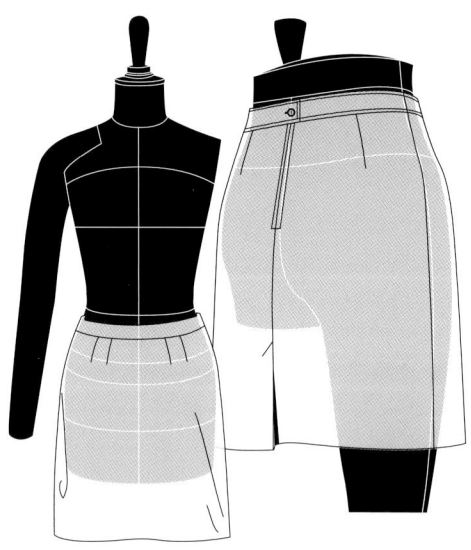

	OPÉRATIONS PROCEDURES	SCHÉMAS DIAGRAMS
1	Repasser le tissu avant de couper les pièces. Iron the fabric before cutting out the pieces.	
2	Couper le patronage en respectant le droit fil. Cut out pattern pieces respecting the straight grain.	
3	Poser le thermocollant sur la ceinture. Opération 3 dans les fiches de MONTAGE DES DIFFÉRENTS TYPES DE CEINTURES (Détails de mode à la loupe, Tome 3). Interface the waistband. See Step 3 for WAISTBAND ASSEMBLY PROCEDURES (Focus on fashion details, Volume 3).	
4	Surjeter le devant et les deux dos excepté les lignes de taille, puis éventuellement le bas d'une des longueurs de ceinture, selon le mode opératoire choisi pour le montage de la ceinture. Overlock the front and the two back skirt pieces except along the waistline. The inner waistband edge can be overlocked, according to the chosen assembly procedure.	

5	Piquer les 4 pinces du devant en commençant de la taille vers l'extrémité de la pince. Repasser. Les fonds de pinces peuvent être couchés : vers les côtés (dans les tissus épais = moins d'épaisseur sur le ventre) ; vers le centre (dans ce cas, la ligne de pince formée sur l'endroit de la jupe est plus discrète). La pince peut également être fendue en son milieu puis ouverte au fer. À noter : à la pointe de la pince, laisser la machine continuer dans le vide sur plusieurs centimètres. Stitch the 4 front darts beginning at the waistline until the dart tip. Iron. Darts can be folded either towards side seams (for thick fabrics = less bulk on the tummy), or towards the center front (in this case, the dart line on the right side of fabric is more discreet). The dart can also be slit along the center and pressed open. Note: at dart tip, let machine stitching continue into a void for several centimeters.	
6	Faire de même pour chaque pince du dos droit et du dos gauche. Attention ! Respecter l'endroit du tissu pour obtenir un dos droit et un dos gauche. Follow the same procedure for each right back dart and each left back dart. Be careful to check the right sides of fabric in order to obtain a right back and a left back!	
7	Assembler endroit contre endroit les deux milieux dos, du haut de la fente jusqu'au cran de couturage de longueur zip. With right sides together, assemble the center back seam, from the upper part of the slit to the lower part of the zipper (where seam allowance value changes).	
8	Repasser coutures ouvertes. Iron seams open.	

organiser les étapes de montage • To organize assembly steps

TOME 1   139

organiser les étapes de montage • To organize assembly steps

9	Zɪᴘ ʙᴏʀᴅ à ʙᴏʀᴅ (suivre le mode opératoire du zip bord à bord, Détails de mode à la loupe, Tome 3). Eᴅɢᴇ ᴛᴏ ᴇᴅɢᴇ ᴢɪᴘᴘᴇʀ (follow assembly procedures for edge to edge zipper, Focus on fashion details, Volume 3).	
10	Pʟɪ ꜰᴇɴᴛᴇ (suivre le mode opératoire du pli fente, Détails de mode à la loupe, Tome 3). Sʟɪᴛ ᴘʟᴇᴀᴛ (follow assembly procedures for the slit pleat, Focus on fashion details, Volume 3).	Dos gauche / *Left back* Dos droit / *Right back*
11	Assembler endroit contre endroit les coutures de côté devant et dos. With right sides together, assemble the front and back together at side seams.	
12	Repasser coutures ouvertes. Iron seams open.	
13	Cᴇɪɴᴛᴜʀᴇ ʀᴀʙᴀᴛᴛᴜᴇ (choisir le mode opératoire de ceinture le mieux adapté au textile, Détails de mode à la loupe, Tome 3). Fᴇʟʟᴇᴅ ᴡᴀɪꜱᴛʙᴀɴᴅ (follow the assembly procedure adapted to the fabric, Focus on fashion details, Volume 3).	
14	Préparer l'ourlet en le repassant, puis faire un ourlet invisible (main ou machine) Oᴜʀʟᴇᴛ ɪɴᴠɪꜱɪʙʟᴇ (main ou machine). Prepare an invisible hem by ironing, then hand stitch or machine stitch the hem. Follow the procedure for ɪɴᴠɪꜱɪʙʟᴇ ʜᴇᴍ (hand stitched or machine stitched).	
15	Broder la boutonnière sur la ceinture. Poser le bouton. Repassage final. Make the buttonhole on the waistband and sew button according to pattern markings. Final ironing.	

MODE OPÉRATOIRE - JUPE DROITE DOUBLÉE
ASSEMBLY PROCEDURES - STRAIGHT LINED SKIRT

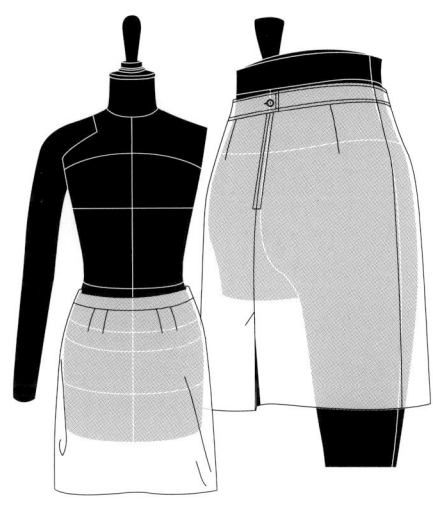

	OPÉRATIONS PROCEDURES	SCHÉMAS DIAGRAMS
1	Repasser le tissu et la doublure avant de couper les pièces. Iron the fabric and the lining before cutting out the pieces.	
2	Couper le patronage en respectant le droit fil. Cut out pattern pieces respecting the straight grain.	
3	Poser le thermocollant sur la ceinture. Opération 3 dans les fiches de MONTAGE DES DIFFÉRENTS TYPES DE CEINTURES (Détails de mode à la loupe, Tome 3). Interface the waistband. See Step 3 for WAISTBAND ASSEMBLY PROCEDURES (Focus on fashion details, Volume 3).	
4	Surjeter le devant, les deux dos sur les coutures côté et milieu dos. Overlock front and back side seams as well as the center back seam.	

5

TISSU ET DOUBLURE

Piquer les 4 pinces du devant en commençant de la taille vers l'extrémité de la pince. Repasser.
Les fonds de pinces peuvent être couchés : vers les côtés (dans les tissus épais = moins d'épaisseur sur le ventre) ; vers le centre (dans ce cas, la ligne de pince formée sur l'endroit de la jupe est plus discrète).
La pince peut également être fendue en son milieu puis ouverte au fer.
À noter : à la pointe de la pince, laisser la machine continuer dans le vide sur plusieurs centimètres.

FABRIC AND LINING

Stitch the 4 front darts beginning at the waistline until the dart tip.
Iron.
Darts can be folded either towards towards side seams (for thick fabrics = less bulk on the tummy), or towards the center front (in this case, the dart line on the right side of fabric is more discreet).
The dart can also be slit along the center and pressed open.
Note: at dart tip, let machine stitching continue into a void for several centimeters.

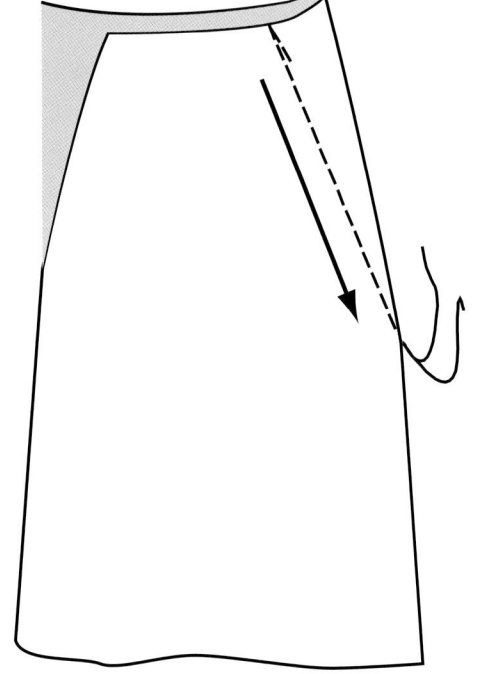

6

TISSU ET DOUBLURE

Faire de même pour chaque pince du dos droit et du dos gauche du tissu.
Les pinces de la doublure doivent être repassées couchées dans le sens opposé à celui du tissu.
Attention ! Veiller à l'endroit du tissu et de la doublure pour obtenir un dos droit et un dos gauche.

FABRIC AND LINING

Follow the same procedure for each right back dart and each left back dart in fabric.
The lining darts should be ironed the opposite way to the fabric darts.
Be careful to check the right sides of fabric and lining in order to obtain a right back and a left back!

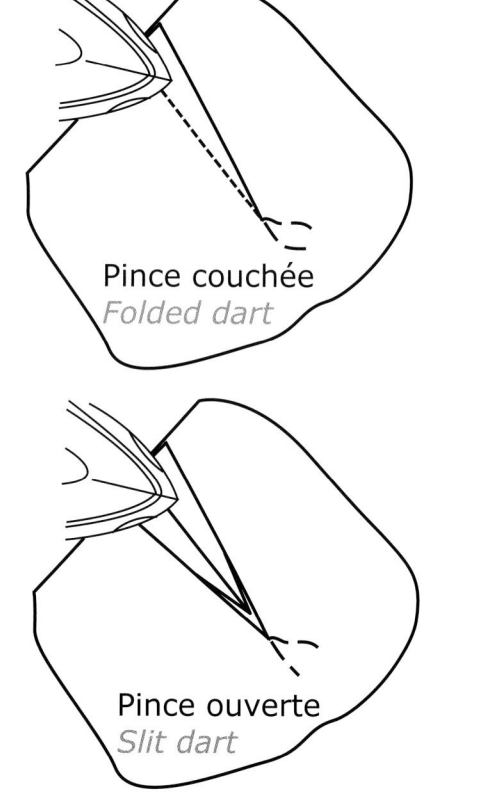

Pince couchée
Folded dart

Pince ouverte
Slit dart

7	**TISSU ET DOUBLURE** Assembler endroit contre endroit les deux milieux dos du tissu, du haut de la fente jusqu'au décochement de couturage de la longueur zip. Recommencer l'opération avec les deux milieux dos de doublure. **FABRIC AND LINING** With right sides together, assemble the center back seam, from the upper part of slit to the lower part of zipper (where seam allowance value changes). Do the same for the center back seam in lining.	
8	**TISSU ET DOUBLURE** Repasser coutures ouvertes. **FABRIC AND LINING** Iron seams open.	
9	**TISSU** Zɪp bord à bord (suivre le mode opératoire du zip bord à bord, Détails de mode à la loupe, Tome 3). **FABRIC** EDGE TO EDGE ZIPPER (follow assembly procedures for edge to edge zipper, Focus on fashion details, Volume 3).	
10	**TISSU** PLI FENTE (suivre le mode opératoire du pli fente doublé de l'opération 2 à 7, Détails de mode à la loupe, Tome 3). **FABRIC** SLIT PLEAT (follow assembly procedures for the lined slit pleat from steps 2 to 7, Focus on fashion details, Volume 3).	Dos gauche *Left back* Dos droit *Right back*

organiser les étapes de montage • To organize assembly steps

11	**TISSU ET DOUBLURE** Assembler endroit contre endroit les coutures de côté devant et dos tissu. Recommencer l'opération avec les coutures côté devant et dos doublure. **FABRIC AND LINING** With right sides together, assemble the fabric front and back together at side seams. Follow the same procedure for the lining front and back side seam assembly.	
12	**TISSU** Repasser coutures ouvertes. **DOUBLURE** Surjeter ensemble les coutures assemblées et les repasser, couturages vers le dos. **FABRIC** Iron seams open. **LINING** Overlock the assembled seams together and iron them towards skirt back.	Tissu - *Fabric* Doublure - *Lining*
13	**TISSU** Ceinture rabattue (sur l'envers avec surfil), Détails de mode à la loupe, Tome 3. **FABRIC** Felled waistband (on wrong side of fabric with overlocking), Focus on fashion details, Volume 3.	Ceinture - *Waistband* Jupe - *Skirt*
14	**ADAPTATION DE LA DOUBLURE SUR LA JUPE** Assembler l'endroit de la doublure contre le retour de la ceinture à 0.7 cm, puis rabattre la doublure sur la jupe envers contre envers. **LINING TO SKIRT ASSEMBLY** Assemble the right side of lining to the waistband seam allowance at 0.7 cm from the edge. Then fold the wrong side of the lining on to the wrong side of the skirt.	Doublure - *Lining* Jupe - *Skirt* Ceinture - *Waistband*
15	**DOUBLURE** Positionner l'ouverture de fermeture à glissière de la doublure en retournant les couturages de façon à suivre la couture ouverte intérieure du milieu dos. Épingler la doublure au bas du zip. **LINING** Fold the seam allowances along the zipper opening following the center back plain seam. Pin the lining at the bottom of zipper opening.	Ceinture - *Waistband* Doublure - *Lining* Jupe - *Skirt*

16	En passant par le bas de la jupe, prendre par l'un des côtés, le couturage de la doublure avec le couturage de la jupe le long du zip et piquer à 0.7 cm de la ceinture au bas de celui-ci. Répéter l'opération de l'autre côté. Proceed from the skirt bottom, between lining and fabric, and stitch lining seam allowance to fabric seam allowance along one side of the zipper. Begin stitching at 0.7 cm from waistband to zipper end. Follow the same procedure along the other side of zipper.	Jupe - *Skirt* Zip - *Zipper* Doublure - *Lining*
17	Doublure : préparer et piquer nervure un rempli double sur le bas de jupe doublure. Lining: prepare a tucked hem and sew using a row of ribbed topstitching.	
18	Reprendre la longueur de fente de la partie gauche tissu avec la longueur de fente de doublure en l'insérant dans la valeur d'ourlet retournée (cran). Piquer à 1 cm de bas en haut. Retourner, repasser. À noter : la doublure est plus courte que la longueur de jupe. Place lining along the left (fabric) skirt back slit, and slide the lining inside the folded hem (notch). Stitch fabric and lining together at 1 cm from the edge, from top to bottom. Note: the lining is shorter than the finished skirt length.	Vêtement - *Garment* Doublure - *Lining* Doublure - *Lining* Ourlet - *Hem*
19	Présenter la doublure sur la fente et cranter l'angle de la doublure. Épingler la doublure sur la partie droite (A). Place lining over the slit and clip the angle on lining. Pin the lining on the right side (A).	A

TOME 1   145

organiser les étapes de montage • To organize assembly steps

20	Écarter la partie gauche le plus possible, retourner sur l'envers et piquer le bord de la fente droite de l'épingle A jusqu'à l'angle de l'onglet B. Faire un point d'arrêt en maintenant le bas de l'ourlet de jupe par-dessus l'onglet. Hold aside the left side, and turn to the wrong side of fabric. Stitch the slit edge (right back) from pin at A to miter seam at B. Backstitch at B maintaining the lining to the skirt.	
21	Retourner sur l'endroit et repasser. Turn skirt to right side and iron.	
22	Enlever l'épingle A et en passant entre la doublure et la jupe par le bas de celle-ci, retourner pour dégager le haut de la fente. Cranter le couturage intérieur de la fente en capucin (C). Piquer les deux épaisseurs de fente avec la doublure sur toute la largeur de celle-ci. Faire un point d'arrêt. Remove pin at A. Turn skirt open between lining and fabric. Clip the seam allowance on the inside of the pointed slit pleat (C). Stitch the lining to the two layers of fabric across the width of the slit pleat. Backstitch.	
23	Retourner, repasser et épingler la fente et l'ourlet avant de fixer l'ouverture de la fente et l'ourlet par une bande thermocollante ou par un point de chausson. Voir OURLET INVISIBLE (main ou machine). Turn skirt to right side. Iron and pin the slit and the hem. Close with a band of interfacing or with a catch stitch. See INVISIBLE HEM (hand stitched or machine stitched).	
24	Broder la boutonnière sur la ceinture. Poser le bouton. Repassage final. Make the buttonhole on the waistband and sew the button according to pattern markings. Final ironing.	

MODE OPÉRATOIRE - CHEMISIER FEMME (MANCHE MONTÉE)
ASSEMBLY PROCEDURES - WOMEN'S SHIRT (SET-IN SLEEVE)

organiser les étapes de montage • To organize assembly steps

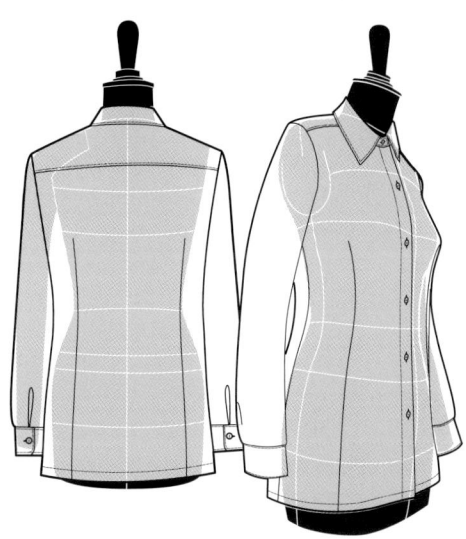

	DÉNOMINATIONS NAMES	SCHÉMAS DIAGRAMS
1	Repasser le tissu avant de couper les pièces. Iron the fabric before cutting out the pieces.	
2	Couper le patronage en respectant le droit fil. Cut out pattern pieces respecting the straight grain.	
3	**PRÉPARATION DE LA PATTE DE BOUTONNAGE** Choisir et réaliser sur le devant droit (au porter) le pliage adapté au modèle (patte simple ou américaine). **BUTTONING PLACKET PREPARATION** Choose the placket according to the garment design and style (furrowed buttoning placket or folded furrowed buttoning placket). The buttoning placket is on the right front.	PATTE DE BOUTONNAGE BUTTONING PLACKET
4	**PRÉPARATION DE LA PATTE DE BOUTONS** Choisir et réaliser sur le devant gauche (au porter) le pliage adapté au modèle. **BUTTON PLACKET PREPARATION** Choose the placket according to garment design and style. The buttoning placket is on the left front.	PATTE DE BOUTONS BUTTON PLACKET

TOME 1

organiser les étapes de montage • To organize assembly steps

5	Assembler les épaules devant et dos endroit contre endroit en choisissant la couture selon le modèle (couture ouverte, couture simple surfilée,…). With right sides together, assemble shoulder seams choosing the seam adapted to garment design and style (plain open seam, plain overlocked seam,…).	ou - *or* ou - *or* 7 mm
6	**Col de chemisier.** Suivre les opérations de l'étape 2 à 12, Détails de mode à la loupe, Tome 4. Shirt collar. Follow the procedures from steps 2 to 12, Focus on fashion details, Volume 4.	Col de chemisier Shirt collar
7	**Préparation des manches** Montage de fente. Choisir le mode opératoire adapté au modèle (fente indéchirable, fente capucin,…). **Sleeve preparation** Sleeve placket assembly. Choose the assemby procedure adapted to garment design and style (tearproof tab, shirtsleeve capucin placket,…).	Fente de manche Shirtsleeve placket
8	Fermer les dessous de manche ainsi que les lignes de côtés devant et dos endroit contre endroit en choisissant la couture selon le modèle (couture ouverte, couture simple surfilée,…). With right sides together, assemble sleeve seams and the front and back side seams, choosing the seam adapted to garment design and style (plain open seam, plain overlocked seam,…).	ou - *or* ou - *or* 7 mm
9	**Poignet simple.** Suivre les opérations de l'étape 2 à 11, Détails de mode à la loupe, Tome 4. Plain cuff. Follow assembly procedures from steps 2 to 11, Focus on fashion details, Volume 4.	Poignet simple Plain cuff

10	**PRÉPARATION DE L'EMMANCHURE :** d'abord, résorber l'embu. Passer 2 rangs de fronces (points allongés sur la machine) entre les crans de carrure devant et dos (voir FRONÇAGE). Resserrer la valeur en excédent en tirant sur les fils de fronces, jusqu'à obtenir la mesure d'entournure désirée. Rentrer au fer en pressant le couturage sans toucher aux fronces elles-même. Sleeve preparation: begin by absorbing the excess value on sleeve crown. Stitch 2 rows of gathering stitches (machine stitch length 4-5) between front and back notches on sleeve crown (see GATHERING). Pull on threads to draw in the gathers until the final armhole measurement is obtained. Fold and iron seam allowance towards the sleeve without ironing the gathers.	
11	Assembler l'emmanchure de manche à celle du corsage en suivant les opérations MANCHE MONTÉE de l'opération 5 à 7, Détails de mode à la loupe, Tome 4. Assemble sleeve armhole to garment armhole following SET-IN SLEEVE assembly procedures from steps 5 to 7, Focus on fashion details, Volume 4.	MANCHE MONTÉE SET-IN SLEEVE
12	Préparer l'ourlet du bas de vêtement en ourlet mouchoir. Prepare a double tucked hem at the bottom of the garment.	
13	Broder les 7 boutonnières de la patte de boutonnage et celles des poignets. Make the 7 buttonholes on buttoning placket as well as the buttonholes on cuffs.	
14	Poser les boutons correspondants. Sew buttons opposite the buttonholes.	
15	Repassage final. Final ironing.	

organiser les étapes de montage • To organize assembly steps

TOME 1

MODE OPÉRATOIRE - CHEMISE VILLE HOMME (MANCHE LIQUETTE)
ASSEMBLY PROCEDURES - MEN'S TOWN SHIRT (LARGE SHIRT SLEEVE)

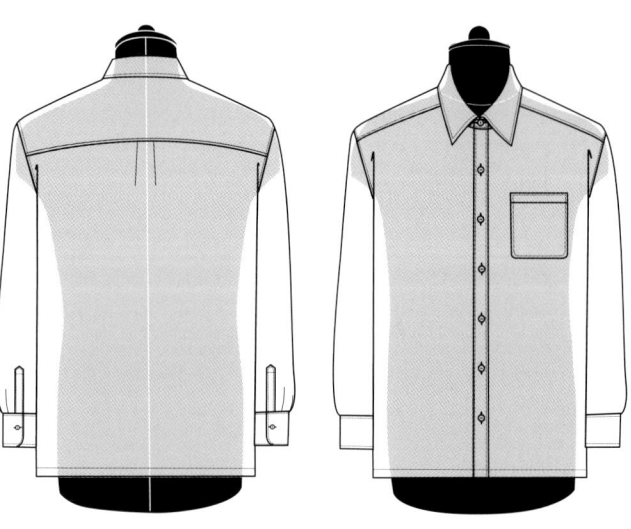

	OPÉRATIONS PROCEDURES	SCHÉMAS DIAGRAMS
1	Repasser le tissu avant de couper les pièces. Iron the fabric before cutting out the pieces.	
2	Couper le patronage en respectant le droit fil. Cut out pattern pieces respecting the straight grain.	
3	**PRÉPARATION DU COL** COL DE CHEMISE. Suivre les opérations de l'étape 2 à 8, Détails de mode à la loupe, Tome 4. **COLLAR PREPARATION** SHIRT COLLAR. Follow assembly procedures from steps 2 to 8, Focus on fashion details, Volume 4.	COL DE CHEMISE SHIRT COLLAR
4	**PRÉPARATION DES MANCHES** MONTAGE DE FENTE. Choisir le mode opératoire adapté au modèle (fente indéchirable, patte de boutonnage en 1 ou 2 pièce(s). **SLEEVE PREPARATION** SHIRTSLEEVE PLACKET ASSEMBLY. Choose the assembly procedure according to garment design and style (tearproof tab, one or two-piece buttoning placket).	FENTE DE MANCHE SHIRTSLEEVE PLACKET

5	**PRÉPARATION DES MANCHETTES** MANCHETTE SIMPLE. Suivre les opérations de l'étape 3 à 7, Détails de mode à la loupe, Tome 4. **CUFF PREPARATION** PLAIN CUFF. Follow assembly procedures from steps 3 to 7, Focus on fashion details, Volume 4.	MANCHETTE SIMPLE PLAIN CUFF
6	**PRÉPARATION DE LA GORGE DE BOUTONNAGE** Choisir et réaliser sur le devant gauche (au porter) le pliage adapté au modèle (gorge simple ou américaine). **FURROWED BUTTONING PLACKET PREPARATION** Choose the placket according to garment design and style. The furrowed or folded furrowed buttoning placket is on the left front.	GORGE DE BOUTONNAGE FURROWED BUTTONING PLACKET
7	**PRÉPARATION DE LA PATTE DE BOUTONS** Choisir et réaliser sur le devant droit (au porter) le pliage adapté au modèle. **BUTTON PLACKET PREPARATION** Choose the placket according to garment design and style. The buttoning placket is on the right front.	PATTE DE BOUTONS BUTTON PLACKET
8	ASSEMBLAGE DE L'EMPIÈCEMENT EN FOURREAU. SHEATHED YOKE ASSEMBLY.	
9	Assembler le col sur l'encolure en suivant COL DE CHEMISE de l'opération 9 à 12, Détails de mode à la loupe, Tome 4. Assemble the collar to garment neckline. Follow SHIRT COLLAR assembly procedures from steps 9 to 12, Focus on fashion details, Volume 4.	COL DE CHEMISE (suite) SHIRT COLLAR (cont.)
10	Assembler les manches à l'emmanchure par une couture simple surfilée avec toutes les épaisseurs puis surpiquée (nervure ou autre) en couchant les coutures vers l'emmanchure ou par une couture anglaise. (Voir COUTURE SIMPLE ou COUTURE ANGLAISE). Assemble the sleeves to the armhole with a plain overlocked seam and fold seam allowances towards armhole. Topstitch : plain topstitching or ribbed topstitching. A French seam can also be used for sleeve assembly. (See PLAIN SEAM or FRENCH SEAM).	Epaule - Shoulder Manche - Sleeve ou - or Manche - Sleeve Epaule - Shoulder

organiser les étapes de montage • To organize assembly steps

TOME 1

organiser les étapes de montage • To organize assembly steps

11	Fermer les lignes de côté et de dessous de manche en une seule opération par une couture simple surfilée ou une couture anglaise. Assemble side seam lines and sleeve seams in one procedure using a plain overlocked seam or a French seam.	ou - *or*
12	Assembler les manchettes sur les bas de manches en suivant MANCHETTE SIMPLE de l'opération 8 à 11, Détails de mode à la loupe, Tome 4. Assemble cuffs to sleeve bottoms following PLAIN CUFF from Steps 8 to 11, Focus on fashion details, Volume 4.	MANCHETTE SIMPLE (suite) PLAIN CUFF (cont.)
13	Préparer l'ourlet du bas de vêtement en ourlet mouchoir. Prepare a double tucked hem at the bottom of the garment.	
14	Broder les 7 boutonnières de la gorge et celles des manchettes. Make the 7 buttonholes on the furrowed buttoning placket as well as the buttonholes on the cuffs.	
15	Poser les boutons correspondants. Sew buttons opposite the buttonholes.	
16	Repassage final. Final ironing.	

MODE OPÉRATOIRE - PANTALON DE VILLE FEMME
ASSEMBLY PROCEDURES - WOMEN'S TROUSERS

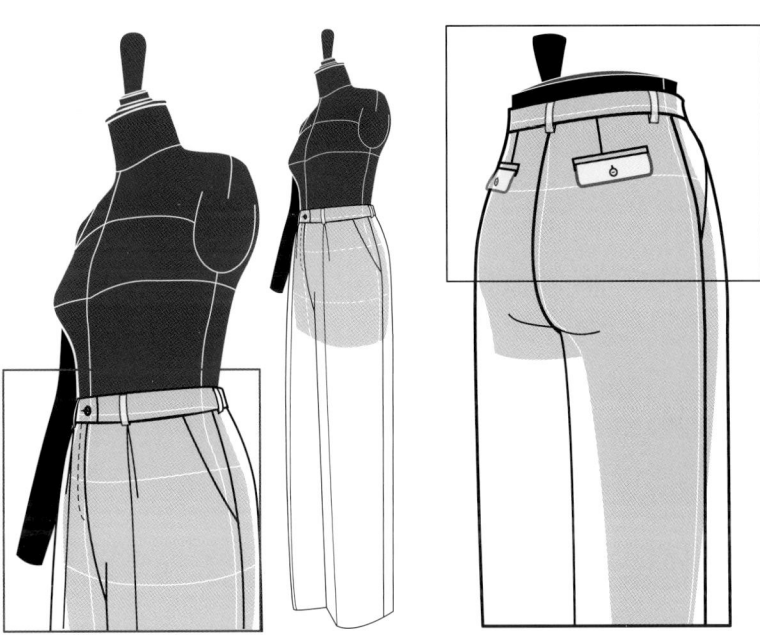

	OPÉRATIONS PROCEDURES	SCHÉMAS DIAGRAMS
1	Repasser le tissu avant de couper les pièces. Iron the fabric before cutting out the pieces.	
2	Couper le patronage en respectant le droit fil. Cut out pattern pieces respecting the straight grain.	
3	Thermocoller les pièces prévues (ceinture, rabats de poches, passepoils,…). Interface the waistband, pocket flaps, piping,…	
4	Surfiler les longueurs de jambe devant et l'enfourchure jusqu'au décranté de montage de la braguette. Surfiler les longueurs de jambe dos ainsi que les enfourchures. Overlock front trouser seams and front crotch seam until notch at fly. Overlock back trouser seams as well as back crotch seam.	—○———●

organiser les étapes de montage • To organize assembly steps

organiser les étapes de montage • To organize assembly steps

5	**PRÉPARATION DES DEVANTS** Plier le milieu de jambe (DF) envers contre envers et presser le pli de haut en bas. À noter : poser la doublure, s'il y a lieu sur chaque devant avant le début des opérations et continuer le montage avec les deux épaisseurs (tissu + doublure). **PREPARATION FOR FRONTS** With wrong sides together, fold the trouser legs along crease line (straight grain), and iron the crease from top to bottom. Note: If the trousers are lined, place the lining next to the fabric before beginning the assembly procedures. Continue assembly with the two layers together (fabric and lining).	*Df - Straight grain*
6	Préparer et presser les plis pinces s'il y a lieu dans le modèle (voir PLI PLAT, PLI CREUX, etc., détails de mode à la loupe, Tome 3). Prepare and iron pleats according to garment design and style (see FLAT PLEAT, INVERTED PLEAT, etc., Focus on fashion details, Volume 3).	PLI PLAT PLI CREUX FLAT PLEAT INVERTED PLEAT
7	Montage de POCHE (choisir le mode opératoire de poche le plus adapté au textile et au modèle : poche couture côté, poche italienne, etc., Détails de mode à la loupe, Tome 2. POCKET assembly (choose the pocket assembly procedure according to fabric, garment design and style: side seam pocket, slash pocket, etc., Focus on fashion details, Volume 2).	POCHE DEVANT FRONT POCKET
8	Montage de BRAGUETTE (choisir le mode opératoire de braguette le mieux adapté au textile et au modèle, Détails de mode à la loupe, Tome 3). TROUSER FLY assembly (choose the trouser fly assembly procedure according to fabric, garment design and style, Focus on fashion details, Volume 3).	BRAGUETTE TROUSER FLY

9	**PRÉPARATION DES DOS** Plier le milieu de jambe (DF) envers contre envers et presser le pli de haut en bas. **PREPARATION FOR BACK** With wrong sides together, fold the trouser legs along crease line (straight grain), and iron the crease from top to bottom.	
10	Piquer la pince de chacun des dos, en commençant de la taille vers l'extrémité de la pince. Repasser. Les fonds de pinces peuvent être couchés : vers les côtés (dans les tissus épais = moins d'épaisseur sur les fesses) ou vers le centre (dans ce cas, la ligne de pince formée sur l'endroit du pantalon est plus discrète). La pince peut également être fendue en son milieu puis ouverte au fer. À noter : à la pointe de la pince, laisser la machine continuer dans le vide sur plusieurs centimètres. Stitch each back dart beginning at the waistline until dart tip. Iron. Darts can be folded either towards side seams (for thick fabrics = less bulk on the buttock), or towards the center front (in this case, the dart line on the right side of fabric is more discreet). The dart can also be slit along the center and pressed open. Note: at dart tip, let machine stitching continue into a void for several centimeters.	

organiser les étapes de montage • To organize assembly steps

11	Montage de POCHE (choisir le mode opératoire de poche le plus adapté au textile et au modèle : poche passepoilée, poche revolver, etc.), Détails de mode à la loupe, Tome 2. POCKET assembly (choose the pocket assembly procedure according to fabric, garment design and style: piped pocket, back pocket, etc.), Focus on fashion details, Volume 2.	POCHE DOS BACK POCKET
12	Assembler endroit contre endroit les coutures de côté devant et dos. With right sides together, assemble the front and back together at side seams.	
13	Repasser les coutures vers le dos et surpiquer selon le modèle. Ou Repasser coutures ouvertes, selon le modèle. Iron seams towards the back, and topstitch according to the garment design and style. Or Iron seams open, according to the garment design and style.	ou - or ou - or 7 mm
14	Assembler endroit contre endroit les coutures d'entrejambe devant et dos en respectant les crans de montage situés au genou. Le dos étant plus court que le devant sur l'entrejambe, détendre la valeur dos pour l'amener sur la valeur du devant. On prévient ainsi des déformations ultérieures dues à l'assise. With right sides together, assemble the front and back inseams matching the notches placed at the knee. As the back crotch seam is shorter than the front crotch seam, stretch the back inseam gently guiding the ease on to the front. This is to allow for the forward stretch of the leg.	
15	Repasser coutures ouvertes. Iron seams open.	

16	Retourner l'une des jambes et l'introduire dans l'autre, afin de piquer l'enfourchure dos et devant endroit contre endroit du milieu dos jusqu'au point de montage de la braguette (point A). Cette piqûre peut être renforcée en piquant deux fois à 1 mm l'une de l'autre des piqûres (pour plus de solidité, l'industrie utilise une piqûre au point de chaînette). Turn one of the trouser legs inside the other, in order to stitch the front and back crotch seams (right sides together), from the center back until the fly notch. This seam can be reinforced by two parallel rows of stitching at 1 mm from the first row (a chain stitch is used for industrial assembly).	A Df - Straight grain
17	Montage de CEINTURE (choisir le mode opératoire de ceinture le plus adapté au textile et au modèle), Détails de mode à la loupe, Tome 3. WAISTBAND assembly (choose the waistband assembly procedure according to fabric, garment design and style), Focus on fashion details, Volume 3.	CEINTURE WAISTBAND
18	Préparer l'ourlet en le repassant, puis faire un ourlet invisible (main ou machine). OURLET INVISIBLE (main ou machine). Prepare the invisible hem by ironing, then hand stitch or machine stitch the hem. INVISIBLE HEM (hand stitched or machine stitched).	OURLET INVISIBLE INVISIBLE HEM
19	Broder la boutonnière de la ceinture. Poser le bouton. Repassage final. Make the buttonhole on the waistband. Sew button. Final ironing.	

organiser les étapes de montage • To organize assembly steps

MODE OPÉRATOIRE
PANTALON DE VILLE HOMME
ASSEMBLY PROCEDURES
MEN'S TROUSERS

organiser les étapes de montage • To organize assembly steps

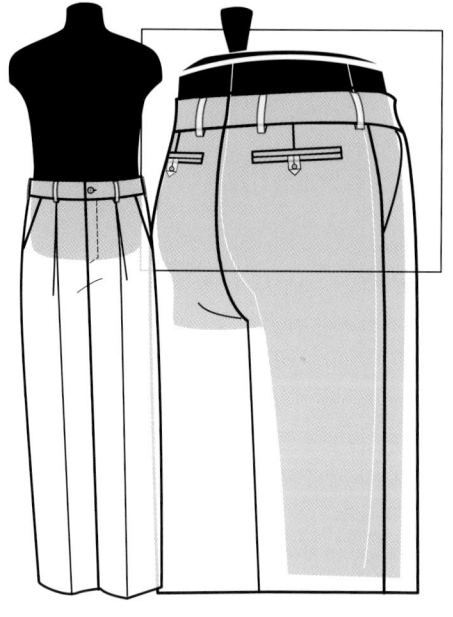

	OPÉRATIONS PROCEDURES	SCHÉMAS DIAGRAMS
1	Repasser le tissu avant de couper les pièces. Iron the fabric before cutting out the pieces.	
2	Couper le patronage en respectant le droit fil. Cut out pattern pieces respecting the straight grain.	
3	Thermocoller les pièces prévues (ceinture, rabats de poches, passepoils,…). Interface the waistband, pocket flaps, piping,…	
4	Surfiler les longueurs de jambe devant et l'enfourchure jusqu'au décranté de montage de la braguette. Surfiler les longueurs de jambe dos ainsi que les enfourchures. Overlock front trouser seams and front crotch seam until notch at fly. Overlock back trouser seams as well as back crotch seam.	─○────●

5	**PRÉPARATION DES DEVANTS** Plier le milieu de jambe (DF) envers contre envers et presser le pli de haut en bas. À noter : poser la doublure, s'il y a lieu sur chaque devant avant le début des opérations et continuer le montage avec les deux épaisseurs (tissu + doublure). **PREPARATION FOR FRONTS** With wrong sides together, fold the trouser legs along crease line (straight grain), and iron the crease from top to bottom. Note: if the trousers are lined, place the lining next to the fabric before beginning the assembly procedures. Continue assembly with the two layers together (fabric and lining).	Df - Straight grain
6	Préparer et presser les plis pinces s'il y a lieu dans le modèle. Les maintenir pliés par une piqûre parallèle à la ligne de taille. Prepare and iron pleats according to garment design and style. Maintain the pleats by a row of stitching parallel to the waistline.	Pli italien / *Italian flat pleat* Pli français / *French flat pleat*
7	Montage de POCHE (choisir le mode opératoire de poche le plus adapté au textile et au modèle : poche couture côté, poche italienne, etc.), Détails de mode à la loupe, Tome 2. POCKET assembly (choose the pocket assembly procedure according to garment design and style : side seam pocket, slash pocket, etc.), Focus on fashion details, Volume 2.	POCHE DEVANT FRONT POCKET

organiser les étapes de montage • To organize assembly steps

TOME 1

8	Montage de BRAGUETTE avec ZIP, SOUS-PONT et CEINTURE ANGLAISE. Suivre les étapes de l'opération 1 à 11, Détails de mode à la loupe, Tome 3, puis laisser en attente. Assembly for TROUSER FLY ZIPPER, FLY TAB and RIBBON-BACKED WAISTBAND. Follow the assembly procedures from steps 1 to 11, Focus on fashion details, Volume 3, then set aside.	BRAGUETTE avec ZIP, SOUS-PONT et CEINTURE ANGLAISE TROUSER FLY ZIPPER, FLY TAB and RIBBON-BACKED WAISTBAND
9	**PRÉPARATION DES DOS** Plier le milieu de jambe (DF) envers contre envers et presser le pli de haut en bas. **PREPARATION FOR BACK** With wrong sides together, fold the trouser legs along crease line (straight grain), and iron the crease from top to bottom.	
10	Piquer la pince de chacun des dos, en commençant de la taille vers l'extrémité de la pince. Repasser. Les fonds de pinces peuvent être couchés : vers les côtés (dans les tissus épais = moins d'épaisseur sur les fesses) ou vers le centre (dans ce cas, la ligne de pince formée sur l'endroit du pantalon est plus discrète). À noter : à la pointe de la pince, laisser la machine continuer dans le vide sur plusieurs centimètres. Stitch each back dart beginning at the waistline until dart tip. Iron. Darts can be folded either towards side seams (for thick fabrics = less bulk on the buttock), or towards the center front (in this case, the dart line on the right side of fabric is more discreet). Note: at dart tip, let machine stitching continue into a void for several centimeters.	

11	Montage de POCHE (choisir le mode opératoire de poche le plus adapté au textile et au modèle : poche passepoilée, poche revolver, etc.), Détails de mode à la loupe, Tome 2. BACK POCKET assembly (choose the pocket assembly procedure according to fabric, garment design and style: piped pocket, back pocket, etc.), Focus on fashion details, Volume 2.	POCHE DOS BACK POCKET
12	Assembler endroit contre endroit les coutures de côté devant et dos. With right sides together, assemble the front and back together at side seams.	
13	Repasser les coutures vers le dos et surpiquer selon le modèle. Ou Repasser coutures ouvertes, selon le modèle. Iron seams towards the back, and topstitch according to garment design and style. Or Iron seams open, according to garment design and style.	ou - or ou - or 7 mm
14	Assembler endroit contre endroit les coutures d'entrejambe devant et dos en respectant les crans de montage situés au genou. Le dos étant plus court que le devant sur l'entrejambe, détendre la valeur dos pour l'amener sur la valeur du devant. On prévient ainsi les déformations ultérieures dues à l'assise. With right sides together, assemble the front and back inseams matching the notches at the knee. As the back crotch seam is shorter than the front crotch seam, stretch the back inseam gently guiding the ease on to the front. This is to allow for the forward stretch of the leg.	

organiser les étapes de montage • To organize assembly steps

15	Repasser coutures ouvertes. Iron seams open.	
16	Retourner l'une des jambes et l'introduire dans l'autre, afin de piquer les enfourchures devant et dos endroit contre endroit de la couture d'entre-jambe jusqu'au point de montage de la braguette (Point A). Cette piqûre peut être renforcée en piquant deux fois à 1 mm l'une de l'autre des piqûres (pour plus de solidité, l'industrie utilise une piqûre au point de chaînette). Turn one of the trouser legs inside the other, in order to stitch the front and back crotch seams (right sides together), from the center back until the fly notch (point A). This seam can be reinforced by two parallel rows of stitching at 1 mm from the first row (a chain stitch is used for industrial assembly).	valeur de relarge - *extra seam allowance value* A *Df - Straight grain*
17	Montage de BRAGUETTE avec ZIP, SOUS-PONT et CEINTURE ANGLAISE, Détails de mode à la loupe, Tome 3. Reprendre à l'opération 12. Assembly for TROUSER FLY ZIPPER, FLY TAB and RIBBON-BACKED WAISTBAND, Focus on fashion details, Volume 3. Resume from Step 12.	BRAGUETTE avec ZIP, SOUS-PONT et CEINTURE ANGLAISE TROUSER FLY ZIPPER, FLY TAB and RIBBON-BACKED WAISTBAND
18	Montage de CEINTURE avec HAUSSE OU CEINTURE ANGLAISE avec hirondelle (choisir le mode opératoire de ceinture le plus adapté au textile et au modèle), DÉTAILS DE MODE À LA LOUPE - TOME 3. Assembly for RIBBON-BACKED WAISTBAND with ½ circle in pocket lining (choose the waistband assembly procedure according to fabric, garment design and style), FOCUS ON FASHION DETAILS - VOLUME 3.	
19	POSE DE TALONNETTE Puis préparer l'ourlet en le repassant, et faire un ourlet invisible (main ou machine). OURLET INVISIBLE (main ou machine). HEEL STAY ASSEMBLY Prepare the invisible hem by ironing, then hand stitch or machine stitch. INVISIBLE HEM (hand stitched or machine stitched).	
20	Broder la boutonnière de la ceinture. Poser le bouton. Repassage final. Make the buttonhole on the waistband. Sew button. Final ironing.	

MODE OPÉRATOIRE - PANTALON JEANS
ASSEMBLY PROCEDURES - JEANS

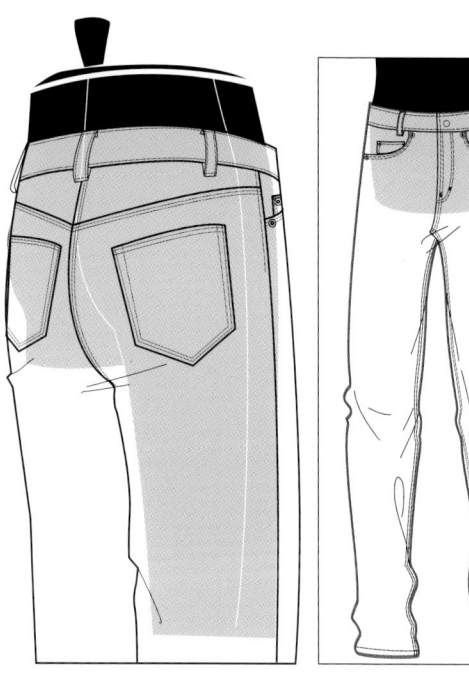

Le montage d'un pantalon de type «jeans» ou sportswear se doit de rester le plus simple possible, sans façonnage de tissu, avec des coutures sans embu et très solides. L'industrie emploie des points de chaînette pour les enfourchures, des coutures « au cornet » ou surpiquées pour aplatir une matière qui peut être épaisse comme certains poids de denim.
Notre mode opératoire suit le principe de montage de l'industrie, mais l'emploi de ces coutures n'est pas obligatoire. Elles seront simplement spécifiées dans chaque étape.
Un schéma des emplacements de coutures industrielles se trouve en fin d'explication.

Assembly for jeans or sportswear trousers must be as simple as possible, with solid seams without ease, and without changing the aspect of the fabric. A chain stitch is used in the industry on crotch seams. Shifted felled seams, or topstitching are used to flatten heavy weight denim.
These assembly procedures follow industrial assembly procedures although it is not compulsory to use certain seams. This will be specified in each step.
Diagrams indicating the position of industrial seams are illustrated at the end of the assembly procedures.

	OPÉRATIONS PROCEDURES	**SCHÉMAS** DIAGRAMS
1	Repasser le tissu avant de couper les pièces. Iron the fabric before cutting out the pieces.	
2	Couper le patronage en respectant le droit fil. Cut out pattern pieces respecting the straight grain.	

organiser les étapes de montage • To organize assembly steps

3	**PRÉPARATION DES DEVANTS** Montage de POCHE (choisir le mode opératoire de poche le plus adapté au textile et au modèle : poche quart de rond, poche cavalière, etc.), Détails de mode à la loupe, Tome 2. **PREPARATION FOR FRONTS** POCKET assembly (choose the assembly procedure that is adapted to the fabric, garment design and style: front hip pocket, western pocket, etc.), Focus on fashion details, Volume 2.	POCHE QUART DE ROND FRONT HIP POCKET
4	Assembler l'enfourchure devant droit et gauche endroit contre endroit à 1 cm du bas de l'enfourchure jusqu'au point de montage de la braguette (Point A). With right sides together, assemble the left and right front crotch seam at 1 cm from the lower part of crotch to Point A.	
5	Montage de BRAGUETTE (choisir le mode opératoire de braguette le mieux adapté au textile et au modèle), Détails de mode à la loupe, Tome 3. Attention ! Penser à changer le sens de la braguette selon que vous montez un pantalon homme ou femme, garçon ou fille. TROUSER FLY assembly (choose the fly assembly procedure that is adapted to the fabric, garment design and style), Focus on fashion details, Volume 3. Note: the trouser fly assembly will be on the left front or on the right front, depending on if the trousers are for men, women, boys or girls.	BRAGUETTE À BOUTONS OU ZIPPÉE TROUSER BUTTON FLY OR TROUSER ZIPPER FLY
6	**PRÉPARATION DES DOS** Plaquages des poches (voir POCHE PLAQUÉE, Détails de mode à la loupe, Tome 2). **PREPARATION FOR BACKS** Assemble pockets to backs (see PATCH POCKETS, Focus on fashion details, Volume 2).	POCHE PLAQUÉE PATCH POCKETS

7	Assembler le bas de la rehausse au haut du dos endroit contre endroit à 1 cm. Surfiler les couturages ensemble. Coucher les coutures dans le sens imposé par le modèle (le plus souvent vers le bas) puis surpiquer selon le modèle Ou Assembler par une couture au cornet. With right sides together, assemble the lower part of the yoke to the upper part of the back leg at 1 cm from the edge. Overlock the seam allowances together. Fold seam allowances (according to garment design and style) and topstitch. In most cases, the seam allowances are folded towards the bottom of garment. Or This seam can also be assembled using a shifted felled seam.	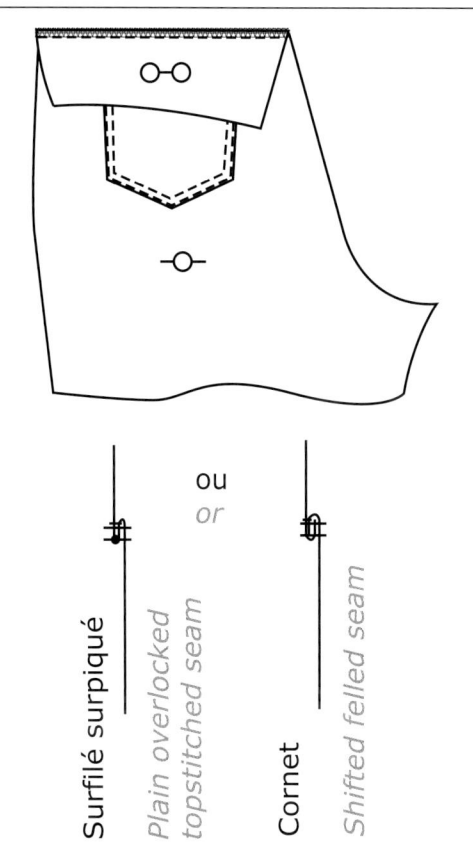 Surfilé surpiqué / *Plain overlocked topstitched seam* ou / *or* Cornet / *Shifted felled seam*
8	Assembler l'enfourchure dos droit et gauche endroit contre endroit à 1 cm. Coucher les coutures dans le sens imposé par le modèle et surpiquer selon le modèle également. Cette piqûre peut être renforcée en piquant deux fois à 1 mm l'une de l'autre des piqûres (pour plus de solidité, l'industrie utilise une piqûre au point de chaînette), puis les deux couturages peuvent être surfilés et couchés par une surpiqûre après le montage de la braguette Ou Assembler par une couture au cornet. With right sides together, assemble the left and right back crotch seam at 1 cm from the edge. Fold seam allowances (according to garment design and style) and topstitch. This seam can be reinforced by two parallel rows of stitching at 1 mm from the first row (a chain stitch is used for industrial assembly). Overlock the seam allowances together, then fold seam allowances and topstitch after fly assembly. Or This seam can also be assembled using a shifted felled seam.	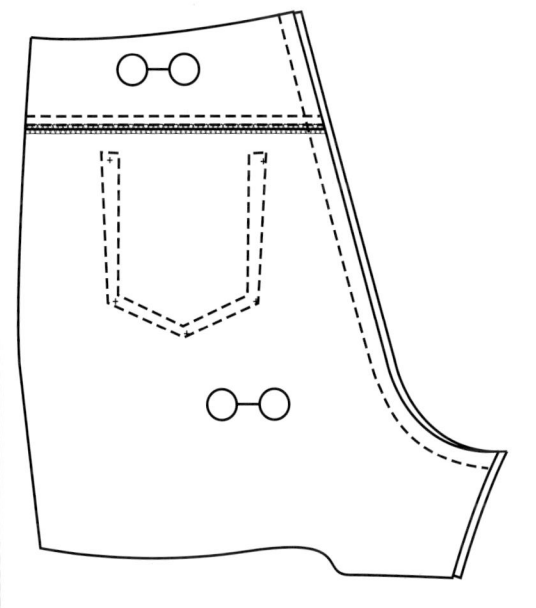

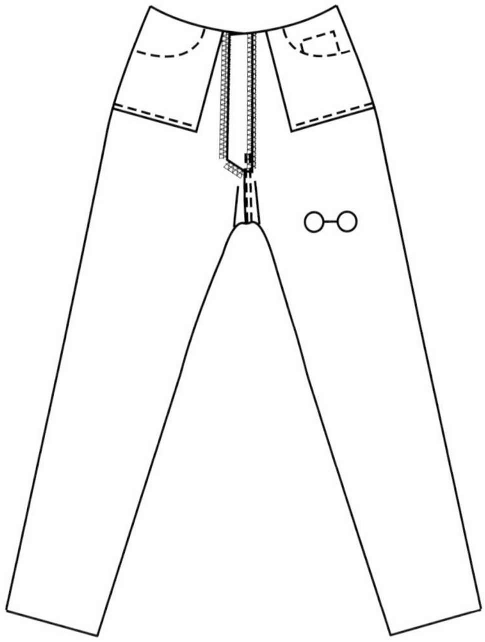

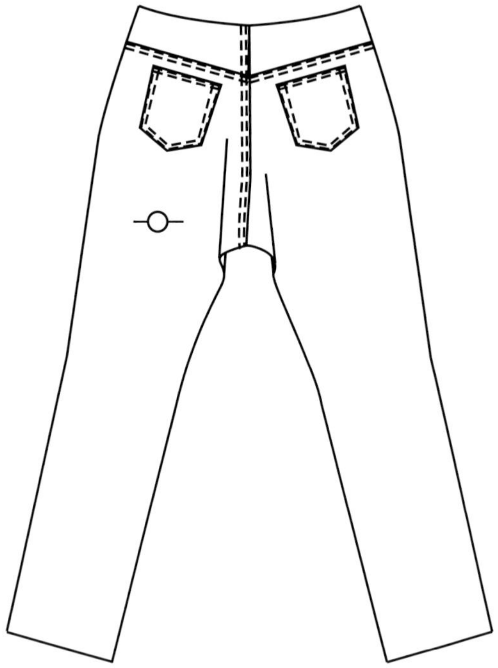

9	Assembler endroit contre endroit les coutures d'entrejambe devant et dos de part et d'autre (de la jambe droite à la jambe gauche) avec une COUTURE AU CORNET, COUTURE RABATTUE, etc., au choix selon le modèle. Surfiler, s'il y a lieu, les deux couturages ensemble. With right sides together, assemble the front and back inseams (from the right leg to the left leg) with a SHIFTED FELLED SEAM, felled seam, etc., according to garment design and style. The two seam allowances can be overlocked together, if required.	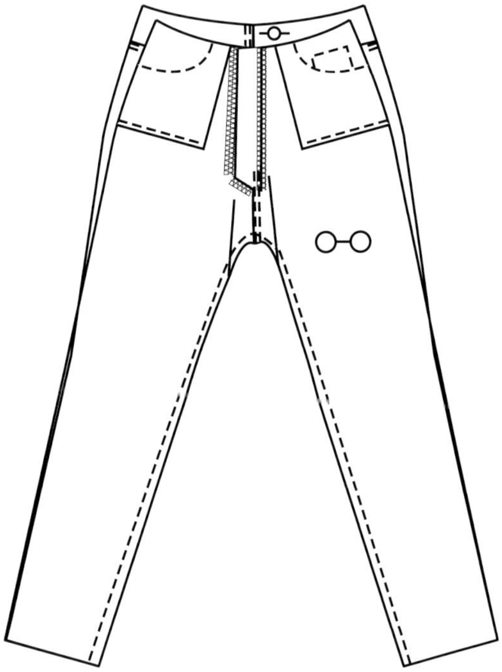
10	Assembler endroit contre endroit les coutures de côté devant et dos. Repasser les coutures vers le dos ; surfiler, s'il y a lieu, les deux couturages ensemble ; surpiquer nervure 6 cm sous l'entrée de poche et terminer par une barre d'arrêt. With right sides together, assemble front and back side seams. Iron seam allowances towards the back, and overlock the two seam allowances together, if required. Sew a row of ribbed topstitching stopping at 6 cm below the pocket opening with a bar tack.	

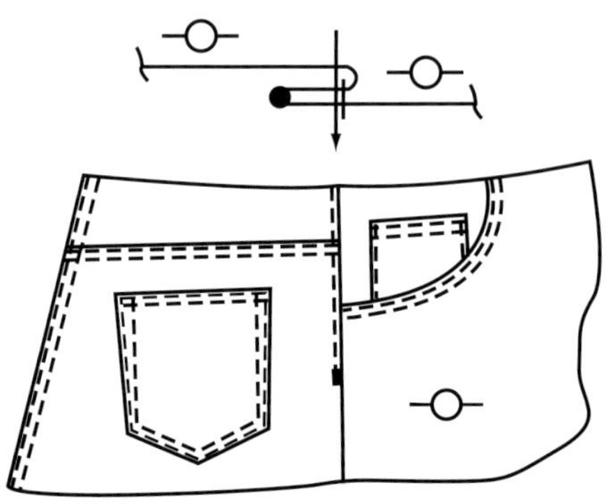

11	Préparation et pose des passants (voir CEINTURE avec PASSANTS, Détails de mode à la loupe, Tome 3). Belt loop preparation and assembly (see WAISTBAND WITH BELT LOOPS, Focus on fashion details, Volume 3).	CEINTURE AVEC PASSANTS WAISTBAND WITH BELT LOOPS
12	Montage de CEINTURE (choisir le mode opératoire de ceinture le plus adapté au textile et au modèle, Détails de mode à la loupe, Tome 3). WAISTBAND assembly (choose the assembly procedure for the waistband that is adapted to the fabric, garment design and style, Focus on fashion details, Volume 3).	CEINTURE WAISTBAND
13	Préparer l'ourlet en le repassant, puis faire un ourlet en rempli double (machine). Prepare a tucked hem by ironing, then machine stitch the hem.	
14	Brodor la ou les boutonnière(s) sur la braguette (braguette à boutons) et sur la ceinture. Poser le ou les bouton(s). Poser les rivets. Repassage final. Make buttonholes on fly tab (trouser button fly) and on the waistband. Sew buttons. Set rivets. Final ironing.	

organiser les étapes de montage • To organize assembly steps

TOME 1

TRACE DE PANTALON JEAN'S
OUTLINE FOR JEANS

Couturages au cornet sur les lignes d'entrejambe, d'enfourchure et d'assemblage de rehausse.

The inseam, crotch seam and waistband seam are assembled with a shifted felled seam.

MODE OPÉRATOIRE - VESTE FEMME (MANCHE ET COL TAILLEUR)
ASSEMBLY PROCEDURES - WOMEN'S JACKET
(TAILORED SLEEVE AND TAILORED COLLAR)

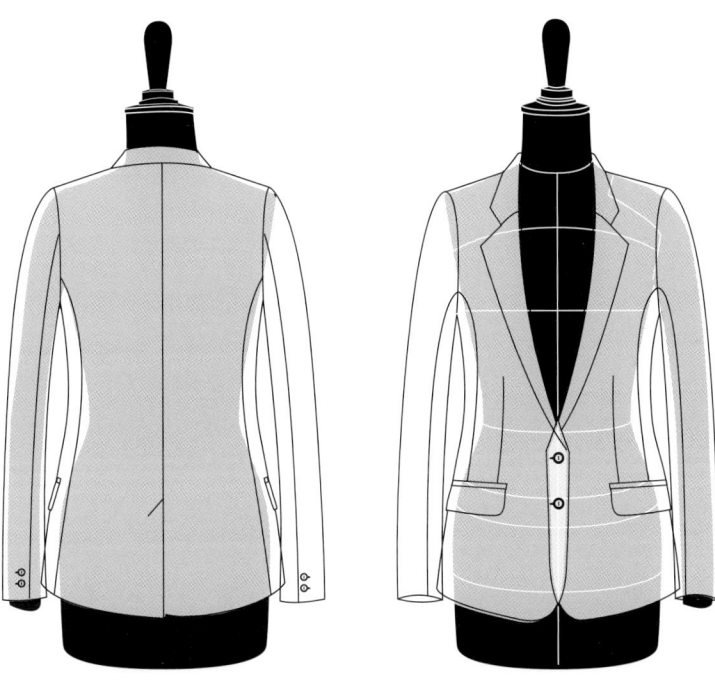

	OPÉRATIONS PROCEDURES	**SCHÉMAS** DIAGRAMS
1	Décatir (repasser à la vapeur) le tissu avant de couper les pièces. Iron the fabric with steam before cutting out the pieces.	
2	Couper le patronage en respectant le droit fil. Cut the pattern pieces respecting the straight grain.	
3	**PRÉPARATION DES PIÈCES AVEC L'ENTOILAGE THERMOCOLLANT** THERMOCOLLAGE DU TAILLEUR, Détails de mode à la loupe, Tome 4. **INTERFACING PREPARATION** TAILORED JACKET FUSIBLE INTERFACING, Focus on fashion details, Volume 4.	THERMOCOLLAGE DU TAILLEUR TAILORED JACKET FUSIBLE INTERFACING

organiser les étapes de montage • To organize assembly steps

organiser les étapes de montage • To organize assembly steps

4	**PRÉPARATION DES DEVANTS** Assembler les découpes devant milieu et devant côté s'il y a lieu dans le modèle (découpes princesse, ou bretelle ou autres) endroit contre endroit en respectant les crans de montage et les répartitions d'embu sur la poitrine. **PREPARATION FOR FRONTS** With right sides together, assemble seams on center front and side front according to the design and style of garment (princess seam, strap seam from shoulder, etc.). Match all notches and smooth the ease value at bust.	
5	Si besoin, préparer d'abord la découpe devant entre les crans de montage avec un fil de fronces. If necessary, prepare the seam prior to assembly with a gathering stitch between the notches.	
6	Ouvrir les coutures en pressant celles-ci sur un coussin (cela préserve la forme des courbes) avec la pointe du fer, puis cranter les courbes et aplatir à la pattemouille. Poser ensuite le passe-carreau pour empêcher la matière de réagir en séchant. Open the seams by ironing them on a tailor's ham (to maintain the curve) with the tip of the iron. Clip the curves and iron using a pressing cloth. Place the canvas on the fabric to reduce its susceptibility to stretching or shrinking.	

7	Fermer l'ouverture de la poche en thermo-collant une bande à cheval sur l'envers de cette ouverture (Poche passepoilée) Ou Poser une bande de droit fil à cheval sur l'endroit de l'ouverture qui sera cachée ultérieurement par une poche plaquée. Iron a piece of fusible interfacing over the pocket opening on the wrong side of fabric (piped pocket). Or On the right side of the fabric, place a strip of interfacing on either side of the opening, which will subsequently be covered by a patch pocket.	emplacement de poche / *pocket position* emplacement de poche / *pocket position*
8	Choisir la poche passepoilée selon le modèle et l'assembler sur son emplacement (Voir POCHE PASSEPOILÉE SIMPLE, DOUBLE OU À RABAT, Détails de mode à la loupe, Tome 2). Ou Poser la poche plaquée (Voir POCHE PLAQUÉE OU FOURREAU, Détails de mode à la loupe, Tome 2). Choose the piped pocket according to the garment design and style and assemble to garment (see SIMPLE PIPED POCKET, DOUBLE PIPED POCKET or FLAP POCKET, Focus on fashion details, Volume 2). Or Assemble patch pocket to garment. (See PATCH POCKET or SHEATHED PATCH POCKET, Focus on fashion details, Volume 2).	POCHE POCKET
9	**PRÉPARATION DES DOS** Assembler les deux milieux dos puis les découpes dos milieu et dos côté s'il y a lieu dans le modèle (découpes princesse, ou bretelle ou autres + milieu dos) endroit contre endroit en respectant les crans de montage. **PREPARATION FOR BACKS** With right sides together, assemble the both center back seams then center back seams and side back seams according to garment design and style (princess seam, strap seam from shoulder + center back seam). Match all notches.	

organiser les étapes de montage • To organize assembly steps

10	Ouvrir les coutures en pressant celles-ci sur un coussin (cela préserve la forme des courbes) avec la pointe du fer, puis cranter les courbes et aplatir à la pattemouille. Poser ensuite le passe-carreau pour empêcher la matière de réagir en séchant. Open the seams by ironing them on a tailor's ham (to maintain the curve) with the tip of the iron. Clip the curves and iron using a pressing cloth. Place the canvas on the fabric to reduce its susceptibility to stretching or shrinking.	
11	Assembler les épaules devant et dos endroit contre endroit en répartissant la valeur d'embu de l'épaule dos (si besoin, en préparant l'épaule dos avec un fil de fronce) et repasser coutures ouvertes. With right sides together, assemble front and back shoulder seams and smooth back shoulder ease value into seam. If necessary, prepare the back shoulder seam prior to assembly with a gathering stitch. Iron seams open.	
12	**PRÉPARATION DU COL** COL TAILLEUR. Préparer le col puis l'assembler au vêtement en suivant de l'opération 4 à 15, Détails de mode à la loupe, Tome 4. **COLLAR PREPARATION** See TAILORED COLLAR. Prepare collar, then assemble to garment following procedures 4 to 15, Focus on fashion details, Volume 4.	COL TAILLEUR TAILORED COLLAR
13	Assembler les lignes de côté devant et dos endroit contre endroit et repasser coutures ouvertes. Poser le passement de stabilisation de l'emmanchure sur le tour de l'emmanchure reconstitué par l'assemblage des dos, des côtés dos et devant et des devants (Voir THERMOCOLLAGE TAILLEUR, Détails de mode à la loupe, Tome 4). With right sides together, assemble front and back at side seams. Iron seams open. Attach stay tape around the completed armhole (pieced together by back, side back, side front and front assembly). (See TAILORED JACKET FUSIBLE INTERFACING, Focus on fashion details, Volume 4).	

14	**PRÉPARATION DES MANCHES** Manche tailleur. Préparer la manche puis l'assembler au vêtement en suivant de l'opération 1 à 12, Détails de mode à la loupe, Tome 4. **SLEEVE PREPARATION** See tailored sleeve. Prepare sleeve, then assemble to garment by following procedures 1 to 12, Focus on fashion details, Volume 4.	Manche tailleur Tailored sleeve
15	**DOUBLAGE DU VÊTEMENT** Doublure de veste. Assembler la doublure au vêtement en suivant les opérations de doublure de veste ainsi que parementure tailleur et pli fente doublé, Détails de mode à la loupe, Tome 4. **GARMENT LINING** See jacket lining. Assemble the lining to the garment by following the procedures for Jacket lining as well as for tailored jacket facing and lined slit pleat, Focus on fashion details, Volume 4.	Parementure tailleur Jacket lining Doublure de veste Jacket lining Pli fente doublé Lined slit pleat
16	Broder les boutonnières sur le milieu devant et celles des bas de manches. Poser les boutons correspondants. Make buttonholes along center front and at sleeve bottom. Sew buttons opposite the buttonholes.	
17	Repassage et pressage final. Final ironing and pressing.	

organiser les étapes de montage • To organize assembly steps

TOME 1

MODE OPÉRATOIRE - VESTON HOMME (MANCHE ET COL TAILLEUR)
ASSEMBLY PROCEDURES - MEN'S JACKET
(TAILORED SLEEVE AND TAILORED JACKET)

organiser les étapes de montage • To organize assembly steps

	OPÉRATIONS PROCEDURES	SCHÉMAS DIAGRAMS
1	Décatir (repasser à la vapeur) le tissu avant de couper les pièces. Iron the fabric with steam before cutting out the pieces.	
2	Couper le patronage en respectant le droit fil. Cut the pattern pieces respecting the straight grain.	
3	**PRÉPARATION DES PIÈCES AVEC L'ENTOILAGE THERMOCOLLANT OU LA TOILE DE LAINE ET LE PLASTRON** Thermocollage du veston complet ou partiel ou entoilage veston semi-traditionnel ou entoilage veston traditionnel, Détails de mode à la loupe, Tome 4. **PREPARATION FOR PIECES WITH FUSIBLE INTERFACING, HAIR CANVAS INTERFACING AND JACKET FRONT, SEE** Men's jacket with full or partial interfacing, or semi-traditional men's jacket with wool canvas interfacing or traditional men's jacket with wool canvas interfacing, Focus on fashion details, Volume 4.	Thermocollage du veston complet ou partiel ou Entoilage veston semi-traditionnel ou Entoilage veston traditionnel. Men's jacket with full or partial interfacing, or semi-traditional men's jacket with wool canvas interfacing or traditional men's jacket with wool canvas interfacing

4	**PRÉPARATION DES DEVANTS** Selon la version d'entoilage choisie, confectionner la poche poitrine sur le devant gauche après le thermocollage, mais avant la pose des entoilages volants, Détails de mode à la loupe, Tome 2. **PREPARATION FOR FRONTS** According to the required interfacing, assemble the welt pocket to the left front after ironing the fusible interfacing, but before placing the wool canvas interfacing, Focus on fashion details, Volume 2.	POCHE POITRINE WELT POCKET
5	Fermer la pince poitrine endroit contre endroit. Fendre la pince le plus possible. With right sides together, stitch dart closed. Slit dart and iron open.	Pince ouverte *Slit dart*
6	Ouvrir les coutures en pressant celles-ci sur un coussin (cela préserve la forme des courbes) avec la pointe du fer, puis cranter les courbes et aplatir à la pattemouille. Poser ensuite le passe-carreau pour empêcher la matière de réagir en séchant. Open the seams by ironing them on a tailor's ham (to maintain the curve) with the tip of the iron. Clip the curves and iron, using a pressing cloth. Place the canvas on fabric to reduce its susceptibility to stretching or shrinking.	

organiser les étapes de montage • To organize assembly steps

organiser les étapes de montage • To organize assembly steps

7	Fermer l'ouverture de la poche en thermo-collant une bande à cheval sur l'envers de cette ouverture (Poche passepoilée) Ou Poser une bande de droit fil à cheval sur l'endroit de l'ouverture qui sera cachée ultérieurement par une poche plaquée. Iron a piece of fusible interfacing over the pocket opening on the wrong side of fabric (piped pocket). Or On the right side of fabric, place a strip of interfacing on either side of the opening, which will subsequently be covered by a patch pocket.	
8	Choisir la poche passepoilée selon le modèle et l'assembler sur son emplacement (Voir POCHE PASSEPOILÉE SIMPLE, DOUBLE ou À RABAT, Détails de mode à la loupe, Tome 2) Ou Poser la poche plaquée (Voir POCHE PLAQUÉE ou FOURREAU, Détails de mode à la loupe, Tome 2). Choose the piped pocket according to garment design and style and assemble to garment (see SIMPLE PIPED POCKET, DOUBLE PIPED POCKET or POCKET WITH FLAP, Focus on fashion details, Volume 2). Or Assemble patch pocket to garment (see PATCH POCKET OR SHEATHED POCKET, Focus on fashion details, Volume 2).	POCHE POCKET
9	**PRÉPARATION DES DOS** Assembler les milieux dos endroit contre endroit en respectant les crans de montage jusqu'au décochement du pli fente. **PREPARATION FOR BACKS** With right sides together, assemble center back seam until slit pleat opening. Match all notches.	

10	Assembler les dos et les devants aux petits côtés endroit contre endroit en respectant les crans de montage. With right sides together, assemble the fronts to the side fronts and the backs to the side backs. Match all notches.	
11	Ouvrir les coutures en pressant celles-ci sur un coussin (cela préserve la forme des courbes) avec la pointe du fer, puis cranter les courbes et aplatir à la pattemouille. Poser ensuite le passe-carreau pour empêcher la matière de réagir en séchant. Open the seams by ironing them on a tailor's ham (to maintain the curve) with the tip of the iron. Clip the curves and iron using a pressing cloth. Place the canvas on the fabric to reduce its susceptibility to stretching or shrinking.	
12	Poser le passement de stabilisation de l'emmanchure sur l'emmanchure à plat reconstituée par l'assemblage des dos, des petits côtés et des devants. Le piquer sur toute la longueur dans la valeur de couturage de l'emmanchure. Attach the stay tape around the completed armhole, maintaining the armhole flat (the armhole is pieced together by back, side back, side front and front assembly). Stitch the stay tape within the armhole seam allowance value.	
13	Assembler les épaules devant et dos endroit contre endroit en répartissant la valeur d'embu de l'épaule dos (si besoin, en préparant l'épaule dos avec un fil de fronce) et repasser coutures ouvertes. With right sides together, assemble the front and back shoulder seams and smooth back ease value into seam. If necessary, prepare the back shoulder seam prior to assembly with a gathering stitch. Iron seams open.	

TOME 1

organiser les étapes de montage • To organize assembly steps

14	**PRÉPARATION DU COL** COL TAILLEUR avec BANANE. Préparer le col puis l'assembler au vêtement en suivant de l'opération 3 à 22, Détails de mode à la loupe, Tome 4. **COLLAR PREPARATION** TAILORED COLLAR with COLLAR STAND. Prepare the collar. Assemble the collar to garment following procedures 3 to 22, Focus on fashion details, Volume 4.	COL TAILLEUR avec BANANE TAILORED COLLAR with COLLAR STAND
15	**PRÉPARATION DES MANCHES** MANCHE TAILLEUR. Préparer la manche puis l'assembler au vêtement en suivant de l'opération 1 à 12, Détails de mode à la loupe, Tome 4. **SLEEVE PREPARATION** TAILORED SLEEVE. Prepare the sleeve. Assemble the sleeve to garment following procedures 1 to 12, Focus on fashion details, Volume 4.	MANCHE TAILLEUR TAILORED SLEEVE
16	**DOUBLAGE DU VÊTEMENT** DOUBLURE DE VESTE. Assembler la doublure au vêtement en suivant les opérations de DOUBLURE DE VESTE ainsi que PAREMENTURE TAILLEUR et PLI FENTE DOUBLÉ, Détails de mode à la loupe, Tome 4. **GARMENT LINING** JACKET LINING. Assemble the lining to the garment by following the procedures for JACKET LINING as well as for TAILORED JACKET FACING and LINED SLIT PLEAT, Focus on fashion details, Volume 4.	PAREMENTURE TAILLEUR JACKET LINING DOUBLURE DE VESTE JACKET LINING PLI FENTE DOUBLÉ LINED SLIT PLEAT
17	Broder les boutonnières sur le milieu devant et les bas de manches. Make buttonholes along center front and at sleeve bottom.	
18	Poser les boutons correspondants. Sew buttons opposite the buttonholes.	
19	Repassage et pressage final. Final ironing and pressing.	

CONTRÔLE QUALITÉ
QUALITY CONTROL

Tous les points de contrôle suivants doivent être vérifiés pour évaluer la qualité de la production :

1. Aspect général
2. Conformité des mesures
3. Qualité de fabrication (régularité des coutures, points d'arrêt, …)
4. Finitions
5. Position et tenue des fournitures
6. Solidité des coutures
7. Finitions et épluchage
7. Repassage et pressing

Prêter attention en particulier à la tenue des boutons, aux traces de marquage et à l'ouverture et fermetures des fournitures concernées (pressions, zips, boutons et boutonnières, …)

This list specifies the different aspects of a garment that must be verified in order to assess the production quality:

1. General aspect
2. Measurement compliance
3. Manufacturing quality (seam stitch regularity, backstitching, …)
4. Finishings
5. Position and quality of trimmings
6. Seam solidity
7. Finishings and lint removal
8. Ironing and pressing

It is important to pay particular attention to the quality of buttons, to marking tracks, and to the openings and closings of zippers, snaps, buttons and buttonholes…

contrôler le produit fini • To control the finished product

LEXIQUE

Agrafe Jockey (Hook & bar) : agrafe invisible sur l'extérieur de la ceinture du pantalon d'homme, constituée de quatre parties à implanter entre les épaisseurs de ceinture.

Araignée (Double-faced fusible tape) : bande ou film thermocollant double face pour glacer deux parties de tissu ensemble par simple pressage (ourlet, parementure,…)

Araser (Trimming) : dégarnir le ou les couturage(s) au ras de la couture d'assemblage.

À même (One-piece) : se dit d'une partie de vêtement qui est construite sur une autre partie sans couture. Ex : Col chemisier à pied de col à même : col dont le pied de col est adjoint au tombant de col sans couture, donc en un seul morceau.

Application (Applied piece) : pièce de patronage posée sur une pièce principale pour renforcer ou décorer.

Assise (Reinforcing patch) : petite pièce de tissu ou d'entoilage thermocollant qui se glisse entre deux épaisseurs de tissu à l'emplacement d'une boutonnière pour la consolider lors de sa confection dans un tissu léger.

Bagué (Pad stitch) : point d'assemblage interne entre une toile tailleur et un tissu de manière invisible sur l'extérieur. Voir Glaçage.

Barre (Bar tack) : points zigzag très serrés fait à la machine sur une petite distance pour renforcer les points d'usure d'un vêtement ou des endroits sensibles à la déchirure (arrivée de passepoil, fin de surpiqûre de couteau sur une braguette,…).

Bougran (Buckram) : toile interne d'apprêt utilisée dans les pièces légères pour parfaire la netteté d'un bord de couture. Ex : Parementure du gilet d'homme.

Brider (Bind) : serrer.

Capucin (Capucin) : forme en Chapeau pointu. On peut trouver une forme capucin dans le haut d'une patte de boutonnage de manche ou d'une patte polo. Fendre ou cranter en capucin correspond à un crantage à 45° par rapport à la fin d'une couture, dans un angle le plus souvent.

Ceinture anglaise (Ribbon-backed waistband) : bande de finition interne avec 2 bandes de gomme de retenue pour la chemise, posée sur l'intérieur de la ceinture du pantalon de ville masculin.

Chaîne (Warp) : fils parallèles d'un tissage correspondant à la longueur du tissu et perpendiculaires à la trame.

Cigarette (Sleeve head) : étroite bande de rembourrage posée au bord de l'emmanchure de manche pour remplir la tête de manche et la soutenir en aidant la résorption de l'embu de manche.

Couteau (Trouser fly topstitching) : surpiqûre de maintien décorative visible sur l'endroit de la braguette d'un pantalon. Le couteau peut se finir en courbe ou en angle.

Couturage (Seam allowance) : mesure rajoutée au patronage pour effectuer les coutures. Cette mesure peut être à différentes hauteurs (0.5 cm, 0.75 cm, 1 cm ou plus) selon l'endroit où elle se trouve, les machines à coudre employées (plate traditionnelle ou surjeteuse,…) ou la fantaisie de la couture. Dans la plupart des cas, elle se situe à 1 cm du tracé et toujours parallèlement, sauf dans des cas particuliers comme la relarge d'enfourchure dos d'un pantalon d'homme.

Coulisse (Tunnel) : tunnel de tissu formé par une bande ou un ourlet dans lequel passe une bande du même tissu ou une cordelette permettant ainsi au volume de se rétracter en formant des fronces.

Coulissage (Fitted assembly) : montage de deux lignes identiques donc de même forme endroit contre endroit, quelquefois en insérant une autre pièce entre les deux. Ex : coulissage d'un pied de col en insérant le tombant de col déjà préparé entre les deux parties de pied de col.

Coupé bord franc (Clear-cut edge) : les patronages coupés bord franc sont sans valeur de couturage. Leur montage suppose donc une application sur une pièce avec couturage. S'utilise avec des tissus sans effilochage.

Coussin ou Cochon (Tailor's ham) : forme en courbe de différentes grosseurs ressemblant à un jambon, d'où son nom "cochon", "ham" en anglais. Ses différentes courbes permettent d'y poser les parties de vêtement à préformer à la vapeur comme la poitrine d'un veston ou l'arrondi d'un col tailleur.

Cran (Notch) : entaille perpendiculaire au bord du tissu (à découper au moment de la coupe des pièces du vêtement sur 0.5 cm). Le cran sert à repérer des indications de montage comme une pliure, la position d'une pièce par rapport à une autre.

Cranter (Bevel) : couper les couturages perpendiculairement au bord du tissu ou en biseau pour permettre à ceux-ci de se placer, notamment lors d'un retournement de deux épaisseurs cousues endroit contre endroit.

Croisure (Cross-over) : valeur ajoutée au milieu devant ou au milieu dos pour permettre l'entrecroisement de deux pièces et leur boutonnage = ½ croisure. L'addition de cette valeur sur chaque pièce forme la croisure.

Dégarnir (To trim) : enlever l'excédent d'un couturage, une fois la couture réalisée :

- Soit en parallèle au bord sur une seule épaisseur pour alléger celle-ci. Dans ce cas, on dégarnit un des couturages de 1 cm à 0.5 cm pour graduer les épaisseurs, notamment lorsqu'on retourne envers contre envers. Le couturage dégarni est toujours celui contre la partie visible du vêtement.
- Soit en biseau dans un angle, par exemple, pour permettre à la forme de se reconstituer lors du retournement de celui-ci.

Droit fil / DF (Straight Grain / SG) : sens du fil parallèle à la lisière du tissu.

Milieu droit fil : le patronage d'un vêtement est toujours établi par moitié, à l'exception du cas particulier d'un vêtement asymétrique. Le milieu du devant est donc le plus souvent en droit fil. Dans ce cas, cette annotation sera écrite sur la ligne de tracé du patronage.

Milieu au pli : le milieu de la pièce est sans couture et en DF C'est souvent le cas dans le milieu du dos. Dans ce cas, cette formule sera à noter sur la ligne de tracé du patronage.

Droite Ligne / DL (Straight Line / SL) : sens du droit fil sur un patronage papier.

Embu (Ease) : valeur en surplus obligatoire notamment dans le montage d'une manche montée sur une emmanchure. Cette valeur permet à la manche de prendre la forme de la rondeur de l'épaule ou de l'épaulette (voir répartir l'embu).

Emboîter (To encase) : positionner deux formes identiques l'une dans l'autre endroit contre endroit.

Enforme ou Ourlet de propreté (Facing or Faced hem) : finition intérieure de même tissu que le vêtement. C'est l'empreinte exacte du bord du patronage en parallèle à celui-ci.

Entoilage (Wool canvas) : toile de laine ou toile de laine et crin traditionnelle, utilisées dans la structure interne d'une veste ou d'un veston (voir triplure).

Entournure (Armpit) : se dit de l'emmanchure du vêtement.

Épaulette (Shoulder pad) : coussinet de mousse ou/et de feutre reprenant la forme de l'épaule et permettant une surélévation de celle-ci pour changer l'allure d'un modèle. Différentes formes accompagnent les différences formes d'épaule et évidemment de manches (épaulette montée, tailleur, raglan, basse,…).

Finition (Finishing) : détail d'embellissement d'une pièce ou d'un vêtement (bordé, biais, ourlet, ganses,…)

Fond de poche (Pocket lining) : partie intérieure de la poche suivant la forme du sac de poche et se positionnant sur le fond du vêtement, c'est-à-dire le plus près du corps.

Fourreau (Sheathed Assembly) : assemblage de pièces de même forme endroit contre endroit en enfermant les couturages à l'intérieur sans surpiqûre.

Fronçage (Gathering) : action de rétracter la longueur d'une pièce uniformément afin de répartir ce volume en le cousant sur une autre pièce.

Gabarit (Template) : forme sans couturage coupée en carton rigide ou confectionnée en métal et servant de guide pour préformer une pièce ou suivre une surpiqûre (Couteau de braguette, application de poche plaquée,…).

Garniture (Facing or Trimming) : pièce (de même tissu que le vêtement) appliquée ou incrustée sur une pièce interne de doublure, de percale, ou de poltaise de façon à habiller la partie accessoirement visible de cette pièce. Voir Parement.

Glaçage (Glazing) : action d'associer par un point de bagué ou de glaçage deux épaisseurs de tissu ensemble (toile tailleur + tissu ou deux tissus ensemble pour des effets réversibles).

Grignage (Puckering) : très léger fronçage entre deux coutures. Le grignage doit être évité notamment dans le montage d'une courbe avec une ligne plus droite. Toutefois, il peut advenir en raison du réglage du point de machine avec une aiguille trop grosse qui casse les fibres ou un entraînement du pied de biche insuffisant. Il peut aussi être recherché pour enrichir l'aspect sport d'un vêtement sportswear.

Hausse (Waistband finishing) : bande de finition interne de ceinture de pantalon d'homme. Voir Ceinture anglaise.

Hirondelle (Reinforcement ½ circle) : pièce arrondie posée à cheval sur l'enfourchure du pantalon de ville d'homme pour empêcher l'usure de frottement de l'entrejambe.

Incrustation (Inlay) : assemblage entre deux pièces dont les angles sont en opposition. Ex : un angle aigu avec un angle obtus reconstituant 360° pour obtenir une surface plane ou deux angles de degrés non complémentaires constituant un volume par leur montage.

Jeannette (Sleeve board) : petite planche à repasser posée sur un pied qui permet de passer des parties étroites de vêtement afin d'ouvrir des couturages ou repasser des formes déjà montées en circulaire (Tube de manche ou jambe de pantalon). La partie supérieure en courbe permet de positionner une tête de manche pour la préformer.

Nervurer (Ribbed topstitching) : surpiquer très près d'une couture (1 à 2 mm).

Nervurer en arête (Ribbed pleat edge) : surpiquer un pli envers contre envers à 1 m du bord de pliure pour marquer une ligne.

Kapok (Kapok) : matière synthétique ou végétale utilisée pour le rembourrage des bras de mannequin.

Ourlet (Hem) : valeur de couturage positionnée en bas d'une pièce (bas de manche ou de jupe) et retournée sur l'envers pour finir proprement un bord. Voir rempli.

Parement (Facings) : pièce de même tissu que le vêtement appliquée ou incrustée sur une pièce interne de doublure, de percale, ou de poltaise de façon à habiller la partie accessoirement visible de cette pièce. Se dit aussi d'un rabat de poche dans le vêtement militaire. Cf. : garniture.

Parementure (Facing) : pièce d'habillage du milieu devant et de la croisure coupée dans le même tissu que le vêtement et suivant la forme des bords extérieurs.

Passepoil (Piping) : bande de même tissu que le vêtement nécessaire à créer une ouverture de poche dans un pan du vêtement. Il peut être à même (sans couture) ou rapporté au vêtement.

Passe-carreau ou bloc à marteler (Clapper or pounding block) : confectionné dans du bois de hêtre, il sert à ouvrir les coutures. Le bout de sa forme en pointe permet de retourner les pointes de col. Son socle, en bois lui aussi, permet d'écraser les coutures en gardant la vapeur et la chaleur dans le tissu. Parfait pour parfaire la netteté de vos coutures dans les tissus à forte teneur naturelle en élasticité comme la kératine dans la laine.

Pattemouille (Dampened presscloth) : étoffe de coton déjà patinée par l'usure, mouillée et tordue, que l'on intercale entre le fer à repasser et le vêtement pour le protéger du lustrage. L'humidité permet d'accentuer l'action de la vapeur sans mouiller le tissu.

Patte sèche (Dry presscloth) : étoffe de coton déjà patinée par l'usure, que l'on intercale entre le fer à repasser et le vêtement pour le protéger du lustrage ou du calandrage.

Plaquer (To patch) : assembler par une piqûre machine une pièce sur une autre.

Point de chausson (Catch stitch) : point d'ourlet fait à la main permettant de laisser entre l'ourlet et le vêtement, une certaine fluidité. Utile dans des tissus mobiles susceptibles de déformations après le montage.

Pointage (Pointing) : point positionné sur le patronage pour placer un emplacement précis dans le milieu d'une pièce. Ex : pointage de passepoil = croix de positionnement sur le patronage reportée sur le tissu par un petit trou (pointeuse industrielle) ou une marque faite à la craie tailleur ou bâti à la main.

Poltaise (Pocketing) : percaline de coton renforcée et traitée anti-usure utilisée pour les fonds de poche de pantalon d'homme.

Pont (Fly tab) : valeur de rempli le long de la braguette se positionnant assemblée ou à même de la partie droite (au porter) dans le pantalon femme et à gauche dans le pantalon homme.

Préformer (To shape) : préparer la forme par le pressage de celle-ci.

Pressage (Pressing) : action d'appui d'un fer à repasser avec de la pression mais sans va-et-vient comme dans le repassage. Le pressage se fait après avoir mis sous vapeur la matière à presser. Le pressage est une action de finissage de couture qui permet d'aplatir les étoffes lourdes et d'éviter le lustrage de certaines matières.

Rabattage (Felling) : après les montages du bord de deux pièces de même forme endroit contre envers, on rabat la pièce endroit sur l'endroit de l'autre pièce pour en appliquer le bord par une piqûre nervure (Rabattage d'enforme d'encolure).

Rabattre (To turn down) : positionner le sens d'un ou des couturage(s) dans un sens ou dans l'autre.

Raccord (Notch) : trait marqué perpendiculairement au bord du patronage, à utiliser pour assembler deux pièces.

Rapportée (Sewn on) : se dit d'une pièce qui est cousue à une autre.

Rehausse (Saddle yoke) : partie d'empiècement dos du pantalon jean.

Relarge (Extra seam allowance) : valeur de couturage rajoutée en surplus à certains endroits d'un vêtement pour permettre des retouches plus aisées après confection.

Rempli (Felled hem) : ourlet dans le vocabulaire industriel.

Rempli simple (Simple felling hem) : ourlet simple, c'est-à-dire pliage simple au bord surjeté et appliqué par piqûre visible au niveau du surfil ou par un point invisible.

Rempli double (Double felling hem) : ourlet double, c'est-à-dire pliage double (1 cm de couturage + valeur de l'ourlet visible) appliqué par une piqûre nervure visible.

Remplier (To fold) : retourner les valeurs d'ourlet.

Rentré (Folded value) : valeur de couturage repliée sur elle-même.

Répartir l'embu (Ease distribution) : la répartition de l'embu est très importante. Cette valeur en excédent doit accompagner une forme, sans fronçage. Les valeurs d'embu doivent être localisées grâce à la correspondance des crans entre les deux pièces à assembler.

Sac de poche (Pocket sack) : partie intérieure de la poche suivant la forme du fond de poche et l'ouverture de celle-ci, en se positionnant contre le vêtement.

Sous-pont (Fly tab facing) : valeur de garniture assemblée au milieu devant d'un pantalon, servant de croisure et de propreté au montage du zip ou du boutonnage. Sur le devant gauche dans le pantalon femme et droit dans le pantalon d'homme.

Soutenir (To ease in) : 2 coutures n'ayant pas tout à fait la même longueur doivent être assemblées sans grignage. Ex : Montage d'une découpe de poitrine. (Ne pas tirer sur la partie la plus courte mais répartir la différence en souplesse). Il est quelquefois préférable de préparer le montage avec un fil de bâti lorsque l'on est débutant.

Soutenu (Upholding piece) : appellation à la partie à soutenir. Cf. Embu.

Surjet (Overlock Stitch) : point effectué par une surjeteuse, machine permettant de raser le bord du couturage tout en le bordant. Ce point peut se faire sur une seule épaisseur pour une finition de propreté ou sur plusieurs épaisseurs pour faire un assemblage dans une matière susceptible d'effilochage (tissus légers ou tissages lâches) ou de détricotage (maille).

Surpiquer (To topstitch) : piquer au bord d'une couture et sur ses couturages pour décorer et orienter les coutures dans un sens donné.

Surpiqûre (Topstitching) : rang simple ou double de points droits réalisés sur l'endroit du tissu le long d'une couture pour la contraindre à une orientation ou pour un effet décoratif.

Thermocollant (Fusible Interfacing) : tissage ou non-tissé additionné d'une enduction de colle à poser sur le textile par fusion au fer à repasser ou plateau de thermocollage afin de structurer ou stabiliser celui-ci.

Tourneur ou Sifran (Turner or point presser) : pièce de bois ou de plastique se finissant en pointe d'un côté et en arrondi de l'autre. La pointe sert à ressortir les pointes de col ou les coins de poche ; l'autre partie de la planchette sert à maintenir les coutures ouvertes pendant le pressage sans être brûlé par la vapeur ou la chaleur du fer.

Trame (Weft) : fils d'un tissage correspondant à la largeur du tissu d'une lisière à l'autre et perpendiculaires à la chaîne.

Triplure (Underlining) : se dit de l'entoilage d'un vêtement. C'est une qualité traditionnelle, non thermocollant, en toile de laine.

LEXICON

Applied piece (Application): a piece of fabric stitched over a main pattern piece for reinforcement or decoration.

Armpit (Entournure): the hollow at the lower part of the garment armhole.

Bar tack (Barre): a group of machine-made, tight zig-zag stitches, used to reinforce small areas of strain or to avoid tearing at openings (at the end of pocket openings, on fly front zippers, etc.).

Bevel (Cranter): to trim seam allowance perpendicular to fabric edge in order to reduce bulk, when two layers of fabric sewn together are turned to the right side of fabric.

Bind (Brider): to tighten or to enclose an edge in bias tape.

Buckram (Bougran): cotton twill tape used to define the outer edges of a garment. Ex: Men's vest facing.

Capucin (Capucin): shape of a pointed hat. This shape is often used on a shirtsleeve placket. A "capucin" slit or clip corresponds to clipping the end of a seam on a 45° angle.

Catch stitch (Point de chausson): a hand stitch used for hemming that maintains flexibility between the two layers of fabric. Useful for loosely woven fabrics that stretch out of shape after assembly. Center line, on fold: The center line on the garment is seamless, on the straight grain and cut on the folded edge of the fabric, as indicated on the pattern piece. Center line, straight grain : The pattern for a garment is always made in halves, except for an asymmetrical garment. In most cases, the garment's center line is on the straight grain. This will be indicated on the pattern piece.

Clapper or pounding block (Passe-carreau ou bloc à marteler): a smooth wooden block made in beech, used for pressing seams open. The tapered point is used to press open collar points. Its wooden stand allows seams to be flattened while retaining the steam and heat in the fabric. Perfect for hard-to-press fabrics with natural elasticity such as wool with keratin.

Clear-cut edge (Coupé bord franc): patterns with a clear-cut edge are without a seam allowance value. Their assembly implies an application on a piece with seam allowance. For fabrics that do not fray.

Cross-over (Croisure): a value added as an extension to the center front or center back permitting two pieces to overlap for the buttoning = ½ cross-over value. The addition of this value for each piece equals the cross-over value.

Dampened presscloth (Pattemouille): a cotton cloth with a patina, dampened and twisted, used to protect the garment fabric from direct contact with the iron and from shining. The dampness increases the steam effect without moistening the fabric.

Double felling hem (Rempli double): double tucked hem : the hem width is folded twice (1 cm of seam allowance + hem width value), then sewn with a row of ribbed topstitching.

Double-faced Fusible Tape (Araignée): a strip of double-faced fusible tape used to hold two fabrics together (hems, facings, etc.).

Dry presscloth (Patte sèche): a cotton cloth with a patina, used to protect the garment fabric from direct contact with the iron and from shining or calendaring.

Ease distribution (Répartir l'embu): the ease distribution is very important. This excess value must be eased into a shaped seam, without gathers. The ease values are positioned at a specific area on the garment and are indicated on the pattern with notches on the two pieces to be assembled.

Ease (Embu): the essential excess value, for example, for set-in sleeve and armhole assembly. This ease value allows the sleeve to follow the curved shape of the shoulder or shoulder pad. See Ease Distribution.

Extra seam allowance (Relarge): a value added to certain areas of the garment permitting alterations to be made on a finished garment after assembly.

Facing or faced hem (Enforme ou Ourlet de propreté): an interior finishing made in the same fabric as the garment. It is the exact shape and parallel to the garment edge.

Facing (Parementure): a fabric piece attached to the edge of the garment, then folded to the wrong side covering the cross-over value and extending beyond the center front line. The facing is cut in the same fabric as the garment and has the exact shape of the garment edge.

Facing or trimming (Garniture): fabric piece cut in the same fabric and the same shape as the garment edge, stitched to the garment's lining (percale lining, pocketing) in order to cover the lining, if necessary. See Facings.

Facings (Parement): fabric piece cut in the same fabric and the same shape as the garment edge, stitched to the garment's lining (percale lining, pocketing) in order to cover the lining, if necessary. The pocket flap on a military garment is referred to as facing. See Facing or Trimming.

Felled hem (Rempli): the term used for a hem in the industry.

Felling (Rabattage): after assembling two pieces with the same shaped edges (right side against wrong side), the right side of one piece is folded on the right side of the other piece. A row of ribbed topstitching is sewn along the edge (felling a neckline facing).

Finishing (Finition): embellishment details added to a garment (bias tape, hem, braid, trim, etc.).

Fitted assembly (Coulissage): the assembly of two identical lines with the same shape (right sides together), by inserting one piece between two others. Ex: Fitted assembly by inserting the prepared collar fall between the two parts of the collar band.

Fly tab facing (Sous-pont): a separate facing assembled to the center front of trousers used for the cross-over value and for a zipper fly tab or a button fly tab. Placed on the left front for women's trousers and on the right front for men's trousers.

Fly tab (Pont): folded tab (seperate or one-piece) placed along fly opening, assembled to the right side for women's trousers and to the left side for men's trousers.

Folded value (Rentré): the folded seam allowance value.

Fusible interfacing (Thermocollant): woven or nonwoven fusible interfacings have a heat-activated resin coating on one side. Ironed to the fabric, they provide the garment with structure or supple shaping.

Gathering (Froncage): reducing the length on one piece and to distribute evenly the predetermined fullness by sewing it to another piece.

Glazing (Glaçage): a pad stitch used to assemble two layers of fabric (canvas interfacing to fabric, or two fabrics together for a reversible effect).

Hem (Ourlet): a seam allowance value placed at the lower edges of a garment (sleeve bottom or skirt bottom), turned to the wrong side to obtain a clean finish along garment edge. See Simple Felled Hem.

Hook & bar (Agrafe jockey): a metal fastener used on men's trouser waistband, sewn between waistband layers. It is invisible from the outside of the garment.

Inlay (Incrustation): the assembly of two pieces with opposite angles. Ex: An acute angle and a concave angle forming a flat surface, or two different angles creating a volume when assembled.

Kapok (Kapok): a synthetic or vegetable fiber used for stuffing or padding the mannequin's arm.

Notch (Cran): a notch is cut perpendicular to the fabric edge (to be cut 0.5 cm, when the pattern pieces are being cut). The notch is an indication for assembly, for a foldline, or for matching two pieces.

Notch (Raccord): a line placed perpendicularily to the pattern edge, used to match two pieces for assembly.

One-piece (À même): two parts of a garment constructed without a seam in one pattern piece. Ex: simple shirt collar: the collar band and the collar fall are constructed together without a seam, resulting in one pattern piece.

Overlock stitch (Surjet): stitch made by an overlocking machine. The overlocking machine cuts the fabric edge before covering it with an overlock stitch. The overlock stitch can be used as a finishing on a single layer of fabric, or to assemble several layers of fabric that are susceptible to fraying (light or loosely woven fabrics), or for assembling knits.

Pad stitch (Bagué): a diagonal stitch used to join a canvas interfacing to a fabric. It is invisible from the outside of the garment. See Glazing.

Piping (Passepoil): a narrow strip of fabric made in the same fabric as the garment required to make a pocket opening on a garment panel. It can be part of the garment panel (one-piece) or a separate piece.

Pocket lining (Fond de poche): the interior part of the pocket with the same shape as the pocket sack, placed on the inner side of the garment, next to the body.

Pocket sack (Sac de poche): the interior part of the pocket with the same shape as the pocket lining and the pocket opening. It is placed against the garment.

Pocketing (Poltaise): strong, tighly-woven cotton percaline used for pocket sacks in men's trousers.

Pointing (Pointage): marks placed on a pattern to indicate the precise placement for a pocket. Ex: A small cross placed on the pattern, then transferred to the fabric by a small hole (industrial pointer) or by marking with tailor's chalk, or by hand-basting indicates a piped pocket placement.

Pressing (Pressage): using the weight of an iron to press a garment without the back-and-forth movement used when ironing. Pressing is done once the steam ironing has been completed. Pressing is a finishing used to flatten heavy fabrics and to avoid glazing on certain fabrics.

Puckering (Grignage): very slight gathering between two seams. Puckering should be avoided when assembling a curve to a straight line. Puckering can occur if the sewing machine is not adjusted correctly, when the needle is too big and breaks the fibers, or when the feed has inadequate pull.

Reinforcement ½ Circle (Hirondelle): a round-shaped piece of pocketing placed astride the crotch seam on men's trousers to avoid wear.

Reinforcing patch (Assise): a small piece of fabric or fusible interfacing placed between two layers of fabric to strengthen the buttonhole area (on light weight fabrics) before the buttonhole is made.

Ribbed pleat edge (Nervurer en arête): topstitching along the edge of a pleat (wrong sides together), 1 mm from the foldline.

Ribbed topstitching (Nervurer): a row of topstitching 1 or 2 mm from the seam.

Ribbon-backed waistband (Ceinture anglaise): a strip of belting with applied rubber banding attached to the inside of a men's trouser waistband.

Saddle yoke (Rehausse): the back yoke piece on a pair of jeans.

Seam allowance (Couturage): a value added to the pattern from the seamline to the pattern edge, permitting seam assembly. This value can vary from 0.5 cm to 1 cm or more according to the area on the pattern, the type of machine used (flat seam machine, overlock machine,…) or the type of seam chosen. The standard seam allowance value is 1 cm and is parallel to the seam. There are certain exceptions such as the crotch seam allowance on men's trousers.

Sewn on (Rapportée): describing one piece that is sewn on to another piece.

Sheathed assembly (Fourreau): the assembly (or lining) of two pieces of the same shape, right sides together, then turning the pieces closing the seam allowances inside the garment, without topstitching.

Shoulder pad (Épaulette): shaped layers of cotton wadding or felt, shaped to the shoulder and defining or raising the shoulder line, according to garment design and style. Different shapes of shoulder pads match different forms of shoulders and sleeves (set-in sleeve, tailored sleeve, raglan sleeve, dropped sleeve,etc.).

Simple felling hem (Rempli simple): plain tucked hem: the hem width edge is overlocked, then folded once and sewn with a machine stitch or an invisible hand-stitch.

Sleeve board (Jeannette): a small narrow ironing board on a stand allowing easy ironing for difficult to reach areas, in order to iron seam allowances open. For circular shapes including sleeves and trouser legs.

The upper part of sleeve board is used to pre-form the sleeve cap.

Sleeve head (Cigarette): a strip of heavy flannel or lambswool placed between the sleeve cap and the seam allowance. It prevents the sleeve cap of a set-in sleeve from collapsing and gently shapes the sleeve ease.

Straight grain / SG (Droit fil / DF): the straight grain is parallel to the fabric selvedge.

Straight line / SL (Droite ligne / DL): the straight grain line indicated on a paper pattern.

Tailor's ham (Coussin ou cochon): a tightly-packed, large or small, curved pressing surface, similar in shape to a 'ham'. Its different curves allow for pre-shaping garment parts such as the chest area on a men's jacket or the curve on a tailored collar.

Template (Gabarit): a shape without seam allowance, cut in stiff cardboard or metal and used to pre-shape a garment piece or as a guide for topstitching (trouser fly topstitching, patch pocket, etc.).

To ease In (Soutenir): to assemble two unequal seam lengths without puckering. Ex: Bust line seam assembly (distribute the excess smoothly, without pulling on the shorter piece). For beginners, it is better to hand-baste the seam before assembly.

To encase (Emboîter): positioning two identical shapes one inside the other, with right sides together.

To fold (Remplier): to fold the hem width value.

To patch (Plaquer): to machine stitch one piece on to another

To shape (Préformer): to prepare the shape of a garment part by ironing.

To topstitch (Surpiquer): to stitch over a seam and the seam allowances for decoration, or to maintain seam allowances folded to one side.

To trim (Dégarnir): to cut away the excess seam allowance value after the seam has been sewn. To trim one layer of seam allowance perpendicular to fabric edge to lighten the seam. In this case, one layer of seam allowance value of 1 cm will be trimmed 0.5 cm to reduce bulk, when turned with wrong sides together.

The trimmed seam allowance is always on the side against the visible part of the garment.

To turn down (Rabattre): to fold one or both seam allowance values to one side or the other.

Topstitching (Surpiqûre): a single or double row of stitching on the right side of fabric along a seam line. Used for decorative purposes, or to maintain seam allowances folded to one side.

Trimming (Araser): to cut away the seam allowance value close to stitching (see : To Trim).

Trouser fly topstitching (Couteau): decorative topstitching around the trouser fly. The topstitching can end with a curve or with an angle.

Tunnel (Coulisse): a tunnel formed by a strip of fabric or a hem constructed to enclose a drawstring, permitting a volume adjustment by forming gathers.

Turner or point presser (Tourneur ou safran): a slender wood or plastic tool with one pointed and one rounded end. The pointed end is used to push out corners of pockets and collars. The point presser is used for pressing seams open to avoid burning the fabric with the steam or heat from the iron.

Underlining (Triplure): a sew-in interfacing used for tailoring garments. Made in a wool canvas, it is a standard quality, and not fusible.

Upholding piece (Soutenu): the piece with the shorter seam length when easing in two unequal seam lengths. (See : Ease).

Waistband finishing (Hausse): a strip of fabric used as a finishing in the inside of men's trouser waistband. See : Ribbon-Backed Waistband.

Warp (Chaîne): parallel yarns woven corresponding to the length of the fabric and perpendicular to the weft.

Weft (Trame): the yarns that are woven across the width of a fabric from one selvedge to the other and perpendicular to the warp.

Wool canvas (Entoilage): woven from wool and hair fibers, this interfacing is used for added support for the inner part of a men's jacket.

Remerciements de l'auteur :
Je remercie chaleureusement mes étudiants pour leur encouragement dans l'élaboration de ces fiches ainsi que pour leur collaboration. Sans oublier naturellement ma famille et l'équipe d'ESMOD.

Author's Acknowledgments:
My warmest thanks to my students, for their encouragement and collaboration in the creation of this manual.
I would like to especially thank my family and colleagues at ESMOD.

ESMODEDITIONS

DEVENIR MODÉLISTE

BECOME A PATTERN DRAFTER

Le vêtement féminin, TOME 1 *Les bases de jupes, corsages, chemisiers et robes*	**Women's garments, VOLUME 1** *Bases for skirts, bodices, shirts and dresses*
Le vêtement féminin, TOME 2 *Les bases de tailleurs, manteaux et pantalons*	**Women's garments, VOLUME 2** *Bases for tailored suits, coats and trousers*
La gradation du vêtement féminin *Les bases d'évolutions de taille en taille*	**Grading women's garments** *Basic size evolutions*
La maille en coupé-cousu *Les bases du vêtement féminin*	**Cut-and-sew knits** *Women's garment bases*
La lingerie féminine *Les bases de soutiens-gorge, culottes et corsets*	**Women's underwear** *Bases for bras, panties and corsets*
La gradation de la lingerie féminine *Les bases d'évolutions de taille en taille*	**Grading women's underwear** *Basic size evolutions*
Le vêtement d'enfant *Les bases de la layette à l'adolescence*	**Children's garments** *Bases from layette to teens*
La gradation du vêtement d'enfant *Les bases et tableaux évolutifs des tailles de la layette à l'adolescence*	**Grading children's garments** *Bases and chart size evolutions from layette to teens*
Le vêtement masculin *Les bases du vêtement de ville et de sport*	**Men's garments** *Bases for city and sport garments*
La gradation du vêtement masculin *Les bases d'évolutions de taille en taille*	**Grading men's garments** *Basic size evolutions*

À propos de l'école
Créée en 1841 par Alexis Lavigne, tailleur-amazonier de l'impératrice Eugénie, l'école ESMOD a perpétré depuis, son savoir-faire à travers son réseau international. Une méthode unique, revisitée, actualisée et adaptée à chaque culture dans un réseau de 14 pays. Esmod International bénéficie d'une vision planétaire unique des métiers de la mode.

About the school
ESMOD is the oldest and most renowned fashion design school in the world, with schools established across the globe. Founded in 1841 by Alexis Lavigne, master tailor for the Empress Eugénie, ESMOD's International network has been transmitting "French Expertise" that foresees current events and that evolves to meet the market's needs, for over 165 years.

À propos de l'auteur
Diplômée d'ESMOD, la plus ancienne école de mode créée dans le monde, Claire Wargnier y dispense aujourd'hui des cours de modélisme. Son expérience dans les métiers de la mode et ses différents secteurs, lui permet d'adapter son enseignement aux besoins des étudiants de l'école. Elle exerce actuellement également en tant que consultante dans l'industrie de la mode, vit et travaille à Paris.

About the author
Claire Wargnier is a graduate from ESMOD, the world's oldest and most renowned fashion design school, where she is presently a pattern-drafting professor. Her experience in the different sectors of the fashion industry have allowed her to adapt her teaching methods to the student's needs. She is also a consultant in the fashion industry, works and lives in Paris.

DANGER — LE PHOTOCOPILLAGE TUE LE LIVRE

Fournitures / Supplies : HAMON 54, rue de Cléry 75002 Paris Tél : 01 42 33 27 59

Le code de la propriété intellectuelle du 1er Juillet 1992 interdit expressément la photocopie à usage collectif sans autorisation des ayants droits. Or, cette pratique s'est généralisée notamment dans les établissements d'enseignement, provoquant une baisse brutale des achats de livres, au point que la possibilité même pour les auteurs de créer des œuvres nouvelles et de les faire éditer correctement est aujourd'hui menacée.

En application de la loi du 11 mars 1957, il est interdit de reproduire intégralement ou partiellement le présent ouvrage, sur quelque support que ce soit, sans l'autorisation de l'Éditeur ou du Centre Français d'exploitation du droit de copie, 20 rue des grands Augustins, 75006 Paris - France.

© Copyright 2008 Esmod Éditions
ISBN 978-2-909617-16-9
9e édition - Dépôt légal : Novembre 2008
Impression : brunocigoi@mac.com

www.esmod.com
esmod.editions@esmod.com
30, avenue Jean Lolive 93500 Pantin FRANCE
Tél. / Ph : 0033 (0)1 42 33 93 36